村中洋介

災害と

どーする 防災【風害編】

信山社ブックレット

はしがき

　皆さんは，「風害」と聞いて何をイメージするでしょうか。もしかしたら，あまりイメージがわかないという人も多いかもしれません。

　しかし，2019年9月の台風15号では，千葉県などで「風」による被害が多く発生しました。こうした，「風」による災害のことを「風害」として，この本で扱います。

　風害には，「竜巻」などの突風も含まれますが，目にしたことがある人は多くないと思います。

　台風の風や竜巻などに代表される風害ですが，この本では，これに関する法制度や行政などの取り組み，事例の紹介をしたいと思います。

　気象庁によると，竜巻（海上含む）などを含む突風については，2019年にわが国で56件の発生の報告があります。わが国でのこうした現象は，6〜10月の主に夏の時季に多く発生しています。竜巻が多く発生するといわれるアメリカでは，年間平均（1991-2010の平均）で1251の竜巻が発生し，2019年には，1276の竜巻が発生したとされています。

　アメリカの状況なども参照しながら，私たちが風害に対してどのように備えるべきか，行政などがどのように対策を講じるべきか，この本を通じて考えてみてください。

　2020年2月

村中　洋介

目　次

2006 年　北海道佐呂間町の竜巻による被害

出典：（一財）消防防災科学センター　災害写真データベース

2006 年　北海道佐呂間町の竜巻による被害

出典：（一財）消防防災科学センター　災害写真データベース

2006 年　北海道佐呂間町の竜巻による被害

出典：（一財）消防防災科学センター　災害写真データベース

ど～する防災【風害編】

Ⅰ 風害と防災

1 風害は災害？

　風によってもたらされる被害として，皆さんの記憶に新しいものは，2019 年の台風 15 号による千葉県などの被害ではないでしょうか。

　しかし，わが国の防災において，風害対策にはあまり注力されてこなかったといえるかもしれません。台風などの風による災害ももちろんですが，竜巻などの突風災害はその発生頻度が少ないこともあり，地方公共団体の地域防災計画の中でも，「風水害」の一部として記載されるにとどまり，ほとんど記載されていないとされています。

　例えば，「東京都地域防災計画　風水害編（平成 26 年修正）」では，風に関連して，伊豆諸島などの島しょ部では，「強風地帯」であるといった記載（9 頁）はありますが，水害対策については，一つの章を設けて記載されているものの，風害対策についての記載は目次の見出しとしてはありません。

　記載されているものとしても，ライフライン施設（電柱など）の対策として，風圧荷重の記載があることや（83 頁），道路標識等について，風圧の影響に関する記載がある（90 頁）といったもので，他の災害と比べると，風害防災のための行政の対応・対策や市民の行動を求める内容にはなっていません。

　また，市町村の地域防災計画では，暴風警報の発令基準や竜巻注意情報についての記載がありますが，その記載は一部に限られます。

　しかし，「風害」が災害に含まれていないわけではありません。

　災害対策基本法は，「災害」を，「暴風，竜巻，豪雨，豪雪，洪水，崖崩れ，土石流，高潮，地震，津波，噴火，地滑りその他の異常な自然現象又は大規模な火事若しくは爆発その他その及ぼす被害の程度においてこれらに類する政令で定める原因により生ずる被害をいう。」と定めています（災害対策基本法2条1号）。

　このため，「暴風」「竜巻」のように，「風」に関するものも，災害に含まれていることになります。

　このうち，竜巻については，2012年の法改正で追加されましたが，その背景には，2012年5月に発生した竜巻による被害の実態があったものと考えられます。

　この事例は，2012年5月6日の昼頃に茨城県つくば市などで複数の竜巻が発生したもので，1名が死亡（自宅に居た男子中学生）し，50名以上の負傷者，2000棟を超える建物への被害が発生しました。

　わが国の災害・防災法制は，実際の災害や事故を契機として整備されてきたという経緯があり，そうした法制度の全体像は，過去の経験や教訓に基づいているとされています[1]。

---

(1)　津久井進『大災害と法』（岩波書店，2012）ⅴ頁など。

2012 年 5 月 6 日の竜巻被害　つくば市

気象庁ウェブサイトより（https://www.jma.go.jp/jma/kishou/know/tenki_chuui/tenki_chuui_p5.html，2020 年 2 月 1 日最終閲覧）

　風害に関しても，こうした経緯があり，つくば市などの事例を経て，竜巻についての例示が含まれることになったと思われます。わが国では，アメリカに比べても竜巻などの風害発生が多いわけではなく，これまで法制度として風害について定めることがあまりなかったことは，幸運にも風害による被害の経験が少なかったといえるのかもしれません。

　また，そうした事情に加えて，風害を防ぐという，防災の難しさもあるかもしれません。水害に対する堤防や防波堤の設置，盛り土や低地の土地利用を規制することなどの対策に比べると，

「風」に対してどのように備えるべきかという議論が未成熟なために，防災を困難なものにしているとも考えられます。

　わが国で，風害の発生が極めて稀なできごとであれば，これまでのような防災のあり方，法制度のあり方で問題ないかもしれません。

　しかし，現実に一定程度の数の風害が発生していますし，その原因となる台風や竜巻等の発生数がこれまでに比べて，減っているわけでもありません。

　次のページ以降の表からは，台風や竜巻等の発生数が減っていないことがわかると思います。一方で，台風などによる被害については，大雨による被害とともに，風による被害が深刻なものとして，理解される出来事がありました。

　2019年の台風15号によって，千葉県などに風による被害が多く発生し，これと同じ時期には，竜巻とみられる突風の発生もあり，全国的に「風害」について注目されたところでした。

　わが国の災害法制の整備が，過去の災害の経験に基づいて構築されてきていることからすると，この台風15号の被害の経験から，風害による被害の軽減のための法整備が進むことになるかもしれません。

　今後も起こりうる風害に対して，私たちはどのように備えたらよいのでしょうか。過去の風害の事例も参照しながら考えてみたいと思います。

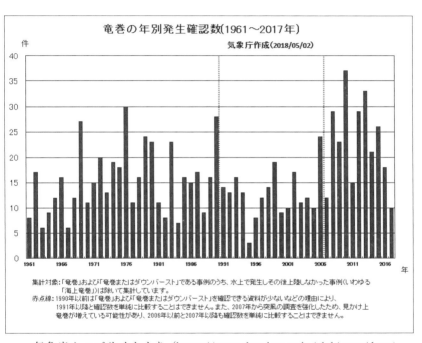

気象庁ウェブサイトより（https://www.data.jma.go.jp/obd/stats/data/
bosai/tornado/stats/annually.html, 2020 年 2 月 1 日最終閲覧）

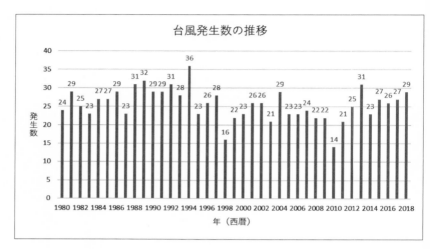

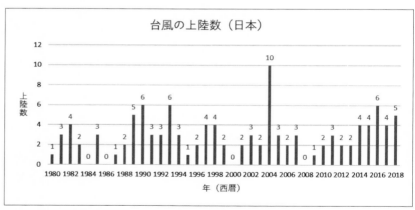

気象庁ウェブサイト「台風の統計資料」（https://www.data.jma.go.jp/fcd/
yoho/typhoon/statistics/index.html，2020 年 2 月 1 日最終閲覧）より作成
（1980 年〜2018 年のもの）

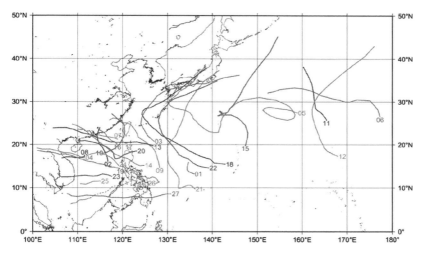

平成 29 年（2017 年）に発生した台風の経路

台風（第 1 号〜第 27 号）の発生位置の近くの数字は台風番号、点線は熱帯低気圧の期間を示す。見やすさを考慮し台風の経路を複数の色に色分けしている。

　気象庁ウェブサイトより（https://www.jma.go.jp/jma/kishou/books/
hakusho/2018/index6.html#toc-203，2020 年 2 月 1 日最終閲覧）

2　風害の種類とメカニズム

　風害としては，台風や低気圧などによる風（暴風）と竜巻などの突風があります。

　災害対策基本法では，災害の定義の中に，「暴風」，「竜巻」が例示されています。ここでは，これらを中心に風害の種類とそのメカニズムについて説明したいと思います。

　なお，風害を，「強風害，潮風害，乾熱風害，寒風害，風食害，吹雪害，冷風害，移流霧害，冷気流害，汚染気流害およびその他の気象災害等」と位置づけているものもあります[2]。

○　暴風ってなんだろう

　「暴風」ということばを聞いて皆さんはどのようなものをイメージするでしょうか。気象庁の用語の定義としては，「暴風警報基準以上の風」を暴風ということとされており[3]，風速の基準が明示されているわけではありません。ただし，暴風警報基準以上という強い風が吹く状態ですので，風による被害が出る可能性があることに変わりはありません。

　一方で，災害対策基本法にいう「暴風」には，明確な基準や被害の程度が示されているわけではありませんので，気象庁の定義としての「暴風」と同じというわけではないでしょう。

　気象庁の用語の定義としては，風に関して，暴風以外にも「やや強い風」，「強い風」，「非常に強い風」，「猛烈な風」，「強

---

(2)　真木太一『風害と防風施設』（文永堂出版，1987 年）35 頁。

(3)　気象庁ウェブサイト（https://www.jma.go.jp/jma/kishou/know/
　　yougo_hp/kaze.html，2020 年 2 月 1 日最終閲覧）。

風」などがあり，風の強さに応じて，気象庁風力階級表も設けられています。

　単純に強い風が吹けば被害が起こるというわけではなく，場所や状況によって風害が発生することがあります。例えば，工事現場の足場が強風で倒れるなどの被害は，台風による風でなくても起こることがあります[4]。

　こうしたことから，風害としての暴風は，台風や日常的な強風など様々な風の強さ，状況において起こる被害全般のことを指しているというべきでしょう。

　台風による風害は，「強い台風が接近している」といった情報を得ることによって，事前に対策ができるかもしれませんが，日常的に吹く風による被害は，想定が難しいかもしれません。人命に関わる被害でなくても，風で洗濯物が飛ばされるなどの経験をしたことのある人は多いのではないでしょうか。

　沿岸部の海風（海陸風）や山から吹くおろし風，都市部におけるビル風など，日常的に風が強く吹く条件の整っている場所では，台風などによらずして，風害が生じる可能性もあります。

　風による被害を防ぐためには，住んでいる場所の特性も理解した対策が必要といえるかもしれません。

　台風による被害の備えについては，これまで，九州・沖縄地域では，毎年のように台風が接近・上陸し，被害をもたらすこ

---

[4]　静岡新聞 2019 年 12 月 12 日「足場倒れ園児らけが　藤枝総合運動公園　工事用，強風で」(https://www.at-s.com/news/article/social/shizuoka/715315.html，2020 年 2 月 1 日最終閲覧)。

とがありました。しかし，近年では，近畿地方などを襲った
2018 年の台風 21 号や，関東地方を襲った 2019 年台風 15 号な
ど，九州・沖縄地域以外でも台風による大きな被害が生じてい
ます。

　現代は，気候変動が加速する中で，台風などをはじめとする
風害への対策が必要とされている時期であるともいえるでしょ
う。

○ 竜巻などの突風のメカニズム

　竜巻などの突風として位置づけられるものに，「竜巻」，「ダ
ウンバースト」，「ガストフロント」があります。

　竜巻は，上昇気流によって発生する渦巻きのことで，多くの
場合は漏斗状などの雲を伴って発生するとされています。

　竜巻の発生には，積乱雲の存在と積乱雲の周りの空気が回転
していることの条件が必要となります。積乱雲は，夏にみられ

リーフレット「竜巻から身を守る〜竜巻注意情報〜」より抜粋

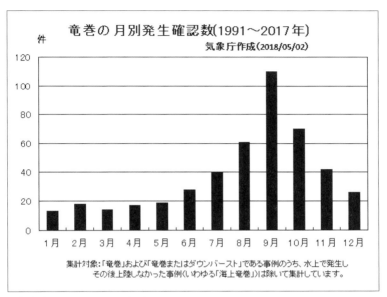

気象庁ウェブサイトより（http://www.data.jma.go.jp/obd/stats/data/bosai/
tornado/stats/monthly.html, 2020 年 2 月 1 日最終閲覧）

る雲ですが，竜巻の発生時期も積乱雲の多く発生する夏の時季
に多く見られます。

　ダウンバーストは，竜巻と同じく積乱雲によって引き起こさ
れますが，積乱雲から吹き降ろす下降気流が地表に衝突して水
平に吹き出す激しい空気の流れのことで，竜巻が，上昇気流に
よってもたらされることとは異なるメカニズムで発生します。

　ダウンバーストは，竜巻のように漏斗状の雲などを伴わずに
強い風が吹くことから，「強い風が吹いた」という「暴風」の

ように捉えられることもあるかもしれません。なお，ダウン
バーストの被害の特徴には，次のようなものはあるとされます。

ダウンバーストの現象・被害等の特徴[5]
・強風の吹き始めから終わりまでほぼ風向が一定である。
・発生場所付近に対応するレーダーエコーがある。
・気圧が上昇する。
・強風の開始と同時に気温が下降し，湿度が上昇する。
・被害地域は竜巻のように「帯状」ではなく，「面的」に広がる。
・残された飛散物の飛散方向や倒壊物の方向は同じか，ある点から
　広がる形となる。
・竜巻の時のようなゴーという音はしない。

ダウンバーストの発生イメージ図

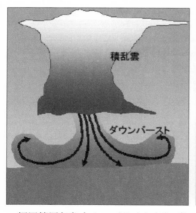

福岡管区気象台ウェブサイトより（https://www.jma-net.go.jp/fukuoka/
chosa/tatsumaki/downburst.html，2020年2月1日最終閲覧）

（5） 福岡管区気象台ウェブサイト（https://www.jma-net.go.jp/
fukuoka/chosa/tatsumaki/downburst.html，2020年2月1日最終閲
覧）。

　ガストフロントは，積乱雲の下で形成された冷たい空気の塊
が，その重みにより温かい空気の側に流れ出すことによって発
生するとされます。ガストフロントは，積乱雲から発生したダ
ウンバーストの広がりによって発生するものとされ，突風・風
向の急変・気温の急降下・気圧の急上昇を伴うことがあるとさ
れます。

　ガストフロント通過時の突風は，多くの場合風速20〜30
メートル／秒程度で，顕著な被害が生じることが少ないため，
日本で発生するガストフロントの発生件数や実態はよく分かっ
ていません[6]。このため，単なる強風による被害と位置づけら

ガストフロントの発生イメージ図

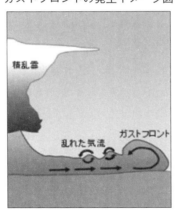

気象庁ウェブサイトより（http://www.jma.go.jp/jma/kishou/know/toppuu/
　tornado1-1.html，2020年2月1日最終閲覧）

(6)　NHKそなえる防災「第2回　すさまじい下降気流，ダウンバー
　　　スト」（https://www.nhk.or.jp/sonae/column/20120521.html，2020
　　　年2月1日最終閲覧）。

れてきたものの中に，ガスフロントによるものがあったかもしれません。

　竜巻をはじめとする突風は，積乱雲を伴って発生することから，積乱雲の発生状況などによって，ある程度の事前予測が可能なものともいえますが，あくまでも発生確率の予測などであって，「この場所で確実に発生する」といった予測の精度ではありません。竜巻などの予測はそうした現状であるという前提で，しっかりと備える必要があるでしょう。

　また，次のページ以降の図のように，竜巻の発生分布とダウンバーストとガストフロントの発生分布は，一致しているわけではありません。竜巻が比較的沿岸部で発生しているのに対して，ダウンバーストやガストフロントは比較的内陸部で発生していると考えられます。

　ガストフロントについては，その発生状況について，実態がよくわかっていないことからすると，図では発生が確認されていない地域でも，発生していた可能性もあります。

　過去に竜巻等の被害がなかったからといって安心することなく，過去に竜巻等の被害があった地域では経験を踏まえて，その被害に備えるように努めていく必要があるでしょう。

竜巻分布図（全国）

気象庁ウェブサイトより（https://www.data.jma.go.jp/obd/stats/data/bosai/
tornado/stats/bunpu/bunpuzu.html，2020 年 2 月 1 日最終閲覧）

ダウンバースト／ガストフロント分布図（全国）

気象庁ウェブサイトより（https://www.data.jma.go.jp/obd/stats/data/bosai/
tornado/stats/bunpu/bunpuzu.html，2020年2月1日最終閲覧）

3　風による被害

　風は，大気中の空気の流れのことをいいます。私たちは日常
生活の中で，気圧の変化や季節風など，様々なかたちで風によ
る影響を受けながら過ごしています。

　平均風速15〜20メートル／秒の風が吹くと，歩行者が転倒
したり，高速道路での車の運転に支障が出始め，更に強くなる
と建物の損壊，農作物の被害，交通障害など社会に甚大な被害
をもたらすとされます[7]。

　季節風の中でも特に冬の
季節風（西高東低の気圧配
置によって発生する北から西
寄りの風）では，風速20
メートル／秒前後の風が長
時間にわたって吹くことが
あります。北日本地域では，
雪を伴って吹くこともあり，
ホワイトアウトの発生など，
交通障害などの被害を生じ
る原因にもなります。

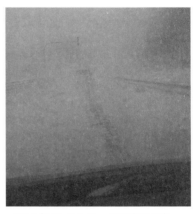

2019年12月8日　北海道中山峠

　温帯低気圧や前線による風は，一般には，風速15〜20メー
トル／秒程度のものとされますが，春の時季に発生し，日本付
近で発達する低気圧では，風速30メートル／秒にも達するこ

(7)　気象庁ウェブサイト（https://www.jma.go.jp/jma/kishou/know/
　　ame_chuui/ame_chuui_p5.html，2020年2月1日最終閲覧）。

とがあるとされます。

　こうした風によって飛ばされてきたもので電線が切れて停電したり，最大風速が40メートル／秒を超えると電柱が倒れたりすることがあります。2019年の台風15号では，千葉県で多くの電柱が倒れる被害がありましたし，下の写真のように2018年の台風21号でも同様の被害がありました。

　また，2019年の台風15号では，多くの住宅の屋根瓦が飛ばされる被害があったことは記憶に新しいところですし，千葉県市原市ではゴルフ練習場のポールが住宅に倒れる被害も発生しました。

2018年台風21号による被害
（大阪府泉南市）

令和元年版防災白書より（http://www.bousai.go.jp/kaigirep/hakusho/h31/photo/ph011.html，2020年2月1日最終閲覧）

　台風や低気圧などによる強風によっても，こうした被害を生じることがあります。

　気象庁の作成しているリーフレットの中では，次の表のように，風の強さに応じて，どのような被害を生じる可能性があるかが示されています。

風の強さと吹き方

(平成12年8月作成)（平成14年1月一部改正）
(平成19年4月一部改正)（平成25年3月一部改正）
(平成29年9月一部改正)

リーフレット「雨と風（雨と風の階級表）」より抜粋

　具体的には，リーフレット（https://www.jma.go.jp/jma/kishou/books/amekaze/amekaze_index.html）や，次のページの表を参照してもらいたいのですが，台風の暴風域で吹く，風速25メートル／秒以上の風では，トラックの横転や，看板の落

風の強さと吹き方

風の強さ（予報用語）	平均風速 (m/s)	おおよその時速	速さの目安	人への影響	屋外・樹木の様子	走行中の車	建造物	おおよその瞬間風速 (m/s)
やや強い風	10以上15未満	~50km	一般道路の自動車	風に向かって歩きにくくなる。傘がさせない。	樹木全体が揺れ始める。電線が揺れ始める。	道路の吹流しの角度が水平になり、高速運転中では横風に流される感覚を受ける。	樋（とい）が揺れ始める。	20
強い風	15以上20未満	~70km		風に向かって歩けなくなり、転倒する人も出る。高所での作業はきわめて危険。	電線が鳴り始める。看板やトタン板が外れ始める。	高速運転中では、横風に流される感覚が大きくなる。	屋根瓦・屋根葺材がはがれるものがある。雨戸やシャッターが揺れる。	30
非常に強い風	20以上25未満	~90km	高速道路の自動車	何かにつかまっていないと立っていられない。飛来物によって負傷するおそれがある。	細い木の幹が折れたり、根の張っていない木が倒れ始める。看板が落下・飛散する。道路標識が傾く。	通常の速度で運転するのが困難になる。	屋根瓦・屋根葺材が飛散するものがある。固定されていないプレハブ小屋が移動、転倒する。ビニールハウスのフィルム（被覆材）が広範囲に破れる。	40
非常に強い風	25以上30未満	~110km						
猛烈な風	30以上35未満	~125km	特急電車	屋外での行動は極めて危険。	多くの樹木が倒れる。電柱や街灯で倒れるものがある。ブロック塀で倒壊するものがある。	走行中のトラックが横転する。	固定されていない金属屋根の葺材がめくれる。養生されていない仮設足場が崩落する。	50
猛烈な風	35以上40未満	~140km					外装材が広範囲にわたって飛散し、下地材が露出するものがある。	
猛烈な風	40以上～	140km~					住家で倒壊するものがある。鉄骨構造物で倒壊するものがある。	60

（注1）強風によって災害が起こるおそれのあるときは強風注意報を、暴風によって重大な災害が発生するおそれのあるときは暴風警報を、さらに重大な災害が起こるおそれが著しく大きいときは暴風特別警報を発表して警戒や注意を呼びかけます。なお、警報や注意報の基準は地域によって異なります。

（注2）平均風速は10分間の平均、瞬間風速は3秒間の平均です。風の吹き方は絶えず強弱の変動があり、瞬間風速は平均風速の1.5倍程度になることが多いですが、大気の状態が不安定な場合等は3倍以上になることがあります。

（注3）この表を使用される際は、以下の点にも注意してください。

1. 風速は地形や周辺の建物などに影響されるので、その場所での風速は近くにある観測所における値とは大きく異なることがあります。
2. 風速が同じであっても、対象となる建物、構造物の状態や風の吹き方によって被害の様子が異なる場合があります。この表では、ある風速範囲に対して観測された主な被害から、通常発生する現象や被害を記述しています。これより大きな被害が発生したり、逆に小さな被害にとどまる場合もあります。
3. 人や物への影響は日本風工学会の「瞬間風速と人や街の様子との関係」を参考に作成しています。今後、表現などは必要に応じて見直すことがあります。

気象庁ウェブサイト（https://www.jma.go.jp/jma/kishou/know/yougo_hp/kazehyo.html, 2020年2月1日最終閲覧）より

下等が発生する可能性があり，屋外での行動が危険であるとされています。

　こうした風は台風だけでなく，低気圧によって発生する可能性もあります。たまたま被害を受けていないだけで，いつ被害を受けてもおかしくない，それが風害であるということを理解しておくべきでしょう。

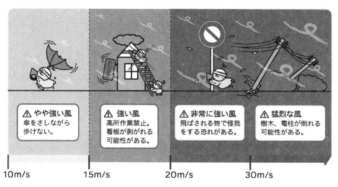

風の強さによる影響（平均風速）

| ⚠ やや強い風 傘をさしながら歩けない。 | ⚠ 強い風 高所作業禁止。看板が剥がれる可能性がある。 | ⚠ 非常に強い風 飛ばされる物で怪我をする恐れがある。 | ⚠ 猛烈な風 樹木，電柱が倒れる可能性がある。 |

10m/s　　15m/s　　20m/s　　30m/s

出典：日本気象協会推進　トクする！防災

　こうした被害のほか，風は，農作物への被害も深刻で，台風の時季と稲刈りの時季が重なることから，水稲などへの被害を生じることが多々あります[8]。

---

(8)　日本農業新聞 2019 年 8 月 17 日「爪痕あらわ　耐風 10 号襲来　状況把握，修復急ぐ」（https://www.agrinews.co.jp/p48469.html，2020 年 2 月 1 日最終閲覧）。

○ 竜巻などの突風による被害

　風害の中でも，竜巻などの突風による被害は，他の風による被害と違うところがあるのでしょうか。

　竜巻は，その強さについての指標として，藤田スケール（Fスケール）というものが用いられています。

　これは，竜巻の強さを，発生した被害状況から把握するというもので，1971年にシカゴ大学の藤田哲也博士によって考案されました。

　この藤田スケールには，F0〜F5の6段階があり，それぞれ，次のような強さとされています。

F0（約15秒間の平均）	F1（約10秒間の平均）	F2（約7秒間の平均）	F3（約5秒間の平均）	F4（約4秒間の平均）	F5（約3秒間の平均）
17〜32メートル／秒	33〜49メートル／秒	50〜69メートル／秒	70〜92メートル／秒	93〜116メートル／秒	117〜142メートル／秒

気象庁ウェブサイトより作成（http://www.jma.go.jp/jma/kishou/know/toppuu/tornado1-2.html，2020年2月1日最終閲覧）

　わが国で観測された竜巻は，最大でもF3とされており，F4以上の竜巻の経験はありません。しかしF3規模でも瞬間的には70メートル／秒以上の風が吹くことになりますので，被害の程度は小さくはありません。

　次の写真は，2011年に茨城県で発生したF3規模の竜巻による被害のものですが，ここでは，住宅がひっくり返る被害なども発生しており，こうした規模の竜巻が直撃した地域の被害は，

台風などの他の風による被害の比ではありません。

2011 年茨城県の竜巻被害

平成 24 年版防災白書より（http://www.bousai.go.jp/kaigirep/hakusho/h24/
bousai2012/html/photo/ph011.htm，2020 年 2 月 1 日最終閲覧）

　2015 年 12 月には，気象庁は「日本版改良藤田スケール（JEF
スケール）」を定め，2016 年 4 月以降の竜巻などの調査の指標
として用いています。
　ここでは，JEF0〜 JEF5 までの 6 段階があり，それぞれ次
のような風速，被害例とされています。

日本版改良藤田スケールにおける階級と風速と被害状況

階級	風速の範囲 （3秒平均）	主な被害の状況
JEF0	25〜38 メートル／秒	・物置が移動したり，横転する。 ・自動販売機が横転する。 ・樹木の枝が折れる。
JEF1	39〜52 メートル／秒	・木造の住宅において，比較的広い範囲の屋根ふき材が浮き上がったり，はく離する。屋根の軒先又は野地板が破損したり，飛散する。 ・軽自動車や普通自動車（コンパクトカー）が横転する。 ・通常走行中の鉄道車両が転覆する。 ・道路交通標識の支柱が傾倒したり，倒壊する。
JEF2	53〜66 メートル／秒	・木造の住宅において，上部構造の変形に伴い壁が損傷（ゆがみ，ひび割れ等）する。また，小屋組の構成部材が損壊したり，飛散する。 ・普通自動車（ワンボックス）や大型自動車が横転する。 ・鉄筋コンクリート製の電柱が折損する。 ・墓石の棹石が転倒したり，ずれたりする。
JEF3	67〜80 メートル／秒	・木造の住宅において，上部構造が著しく変形したり，倒壊する。 ・鉄筋コンクリート造の集合住宅において，風圧によってベランダ等の手すりが比較的広い範囲で変形する。 ・工場や倉庫の大規模な庇において，比較的狭い範囲で屋根ふき材がはく離したり，脱落する。 ・アスファルトがはく離・飛散する。
JEF4	81〜94 メートル／秒	・工場や倉庫の大規模な庇において，比較的広い範囲で屋根ふき材がはく離したり，脱落する。
JEF5	95メートル ／秒以上	・鉄骨系プレハブ住宅や鉄骨造の倉庫において，上部構造が著しく変形したり，倒壊する。 ・鉄筋コンクリート造の集合住宅において，風圧によってベランダ等の手すりが著しく変形したり，脱落する。

気象庁ウェブサイトより作成（http://www.jma.go.jp/jma/kishou/know/
toppuu/tornado1-2-2.html，2020年2月1日最終閲覧）

　この日本版改良藤田スケールを用いて竜巻の被害状況を把握すると，右のような階級になるとされています。竜巻は，広い範囲で一度に被害をもたらすわけではなく，狭いエリアで被害をもたらします（被害は数分〜数十分で長さ数キロメートル〜数十キロメートル・幅数十〜数百メートルの狭い範囲に集中するといわれています）。

リーフレット「気象庁の突風調査〜現象の解明に向けて〜」より抜粋

　竜巻の通過するエリアを避ければ被害を免れることができますし，竜巻の発生が稀なわが国では，対策をしなくても問題ないと思われるかもしれません。しかし，わが国は，世界的には，竜巻の発生の多い地域に含まれていますので，行政，市民ともに備えておく必要がある災害の一つであるといえるでしょう。

竜巻が発生する可能性が高い世界の地域（着色部分）

NOAA ウェブサイトより（https://www.ncdc.noaa.gov/climate-information/extreme-events/us-tornado-climatology, 2020 年 2 月 1 日最終閲覧）

4　アメリカでの突風被害の現状と対策

　アメリカでは，年間 1200 以上の竜巻が発生しており，中には，藤田スケールでいう F5 規模の竜巻が発生することもあります。F5 規模の竜巻では，病院などを含む頑丈な建物なども全壊または大部分が破壊されるほどの被害が生じるものとされ，そうした被害がアメリカでは数年に一度程度は発生しているとされます。

　NOAA ウェブサイトより（https://www.nssl.noaa.gov/education/svrwx101/tornadoes/，2020 年 2 月 1 日最終閲覧）

　アメリカでの竜巻による被害は中西部地域に多くみられ，この地域は，地形的特徴から積乱雲が発達し，竜巻が発生しやす

い地域とされています。

　竜巻の発生は予測が困難であることから，アメリカでも数時間前に注意喚起を発することができる程度とされています⁽⁹⁾。しかし，アメリカ中西部地域では，気候の変化によって地形の影響を受ける竜巻の発生が減少するなどとする研究があり，今後は，竜巻発生に関する一定程度の長期的な予測が可能になるかもしれません。

　アメリカでは，国立海洋大気庁（NOAA：National Oceanic and Atmospheric Administration）の下に国立気象局（NWS：National Weather Service）が置かれ，わが国の気象庁のような役割を担っています。ここには，竜巻を含む各気象災害に対する注意報・警報を発することなどの役割があり，竜巻の発生数が多くみられるアメリカでは，竜巻に対する防災という意味でも重要な機関といえるでしょう。

　ここで発せられる竜巻に関する注意報などについて，「アメリカで発生する竜巻災害とその対応」によると，次のような種類があるとされています⁽¹⁰⁾。

----

(9)　NOAA Climate.gov "Water temperatures in Gulf could give advance warning of summer tornado activity"（https://www.climate.gov/news-features/featured-images/water-temperatures-gulf-could-give-advance-warning-summer-tornado，2020 年 2 月 1 日最終閲覧）。

(10)　（一財）自治体国際化協会 ニューヨーク事務所「アメリカで発生する竜巻災害とその対応」Clair Report No.413（2015 年）19 頁。

　竜巻注意報（Tornado Watch）は，竜巻が発生するおそれがある場合に発令されるもので，発令時間は4〜8時間程度とされます。

　竜巻警報（Tornado Warning）は，積乱雲内部での渦状の回転がレーダーで検知されるか，竜巻の発生が確認された時点で発令されものです。竜巻注意報が発令されていなくても発令されることがあり，発令時間は30分程度とされます。竜巻警報においては，危険がなくなるまでは，地域の気象台から情報が発信され続けることとされています。

　竜巻緊急事態（Tornado Emergency）は，接近中または発生中の竜巻により，住民の生命が脅かされているか，壊滅的な被害が発生している場合に発令されるものとされます。

　また，竜巻注意報と竜巻警報については，その避難の必要性について，違いがあるとされます[11]。

　竜巻注意報では，竜巻が差し迫っていることを意味するのではなく，警告が発せられたり，竜巻が発生した場合に注意して，安全な場所（シェルターなど）に行く準備をすることが求められます。

　一方で竜巻警報では，すぐに避難行動を取ることが求められ，低層階や地下室などの安全な場所またはシェルターへの避難が求められます。

(11)　NOAA "Tornadoes Q&A: What you need to know about nature's most violent storms"（https://www.noaa.gov/stories/tornadoes-qa-what-you-need-to-know-about-nature-s-most-violent-storms，2020年2月1日最終閲覧）。

　わが国でも竜巻注意情報の運用が 2008 年から始まりました。

　竜巻注意情報は，積乱雲の下で発生する竜巻，ダウンバーストなどの激しい突風に対して注意を呼びかける情報で，雷注意報を補足する情報として発表されています[12]。

　竜巻に関する情報としては，「竜巻発生確度ナウキャスト」というものもあります。

　竜巻などの突風は，規模が小さく，レーダーなどの観測機器で直接実体を捉えることができません。このため，竜巻発生確度ナウキャストでは，気象ドップラーレーダーなどから「竜巻が今にも発生する（または発生している）可能性の程度」を推定し，これを発生確度という用語で表しているとされます[13]。

　あくまでも，推定ですので，すべての突風被害を把握できるわけでもありませんし，予測がすべて適中するわけでもありませんが，竜巻注意情報が発表される基準ともなるもので，竜巻などの発生可能性を示す一つの情報であるといえます。

　発生確率の低い竜巻などに対して事前に把握し，備えることは難しいかもしれませんが，科学技術の進歩によって，私たちが備えるために得られる情報も増えていくことでしょう。

　また，アメリカでは，災害に関する基本的な法制度として，災害対応・復旧復興に関する連邦法 Robert. T. Stafford Disaster Relief and Emergency Assistance Act（以下「スタ

　(12)　気象庁ウェブサイト（https://www.jma.go.jp/jma/kishou/know/bosai/tatsumaki.html，2020 年 2 月 1 日最終閲覧）。
　(13)　気象庁ウェブサイト（https://www.jma.go.jp/jma/kishou/know/toppuu/tornado3-1.html，2020 年 2 月 1 日最終閲覧）。

フォード法」）があります。

　スタフォード法は，1988 年に制定され，2000 年に大規模な修正が行われた後，2007 年にはハリケーンカトリーナによる経験を受けて修正されました。

　1988 年にスタフォード法が制定された背景には，それまでの Federal Disaster Relief Act（連邦災害救助法）が，各省庁に分散した権限によって災害対応・復興を行う体制であったことがあります。スタフォード法によって，この権限を FEMA（Federal Emergency Management Agency：連邦危機管理庁）に集約すると同時に，FEMA の災害対策にかかる主たる権限を大統領に直接的に集約することとなりました。

　FEMA は，大統領直属の機関とされていましたが，2001 年の同時多発テロをうけて，国土安全保障省（Department of Homeland Security）の一部局として位置づけられることになりました。しかし，その後の 2005 年のハリケーンカトリーナによる被害の拡大に対して，災害専門機関である FEMA の権限縮小による対応の遅れなどが指摘され，その後の法改正で FEMA に対する権限付与などがなされています。

　こうした災害専門機関の設置について，わが国でもその必要性が議論されているところです[14]。

---

(14)　杉本明文「求む！防災庁(1)，(2)」自治研 94 巻 3 号 53 頁以下，同 4 号 28 頁以下（2017 年）など。

竜巻発生確度ナウキャストの例（平成 25 年 9 月 2 日 14 時 20 分の例）

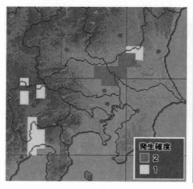

	発生確度
2	竜巻などの激しい突風が発生する可能性があり注意が必要である。 　適中率：7 〜 14％程度 　捕捉率：50 〜 70％程度 発生確度 2 となっている地域に竜巻注意情報が発表される。
1	竜巻などの激しい突風が発生する可能性がある。 　適中率：1 〜 7％程度 　捕捉率：80％程度

気象庁ウェブサイトより（https://www.jma.go.jp/jma/kishou/books/hakusho/2018/index3.html#toc-065，2020 年 2 月 1 日最終閲覧）

出典：日本気象協会推進　トクする！防災

Ⅱ 風害に関する法

1 災害対策基本法

Ⅰ1（風害は災害?）でも触れましたが,「風害」について規定している法律は多くありません。災害対策基本法では, 災害の中に, 風害に関連する,「暴風」,「竜巻」, を含むことを定義していますが（災害対策基本法2条1号）, 土砂災害防止法や活火山法, 津波対策推進法[15], 大規模地震対策特別措置法[16]などのように各災害に対応した特別の法律が風害について存在するわけではありません。

災害対策基本法は,「暴風」,「竜巻」といった災害や防災の定義のほか, 災害に備えて国や地方公共団体が行わなければならないこと（防災計画等の策定など）, 災害が起こった際に国や地方公共団体が行わなければならないこと（避難に関する情報提供や救助活動など）, 災害後の復旧・復興など様々なことについて規定がなされています。

災害対策基本法については,『ど～する防災【水害編】』で詳しく触れていますので, こちらも参考にしてください。

それでは, 災害対策基本法には, 風害に関連して, 災害の定義以外に規定があるのでしょうか。

---

(15) 津波対策推進法などの津波対策に関する法については, 村中洋介『ど～する防災【地震・津波編】』55頁以下も参照してください。

(16) 大規模地震対策特別措置法などの地震対策に関する法については, 村中洋介『ど～する防災【地震・津波編】』41頁以下も参照してください。

　実は，災害対策基本法に，風害に特化した規定があるわけではありません。災害対策基本法は，災害，防災などに関する一般的な規定ですので，災害全般に関連する規程が盛り込まれています。このため，「風害」のための法律・規定とはなっていません。

　しかし，後ほど（5　風害による被害の救済に関する法）触れることと関連して，災害対策基本法の規定の一部を紹介しておきます。

　2019 年の台風 15 号によって，千葉県などで強風の被害が出たことを覚えている人も多いと思います。

　このとき，多くの住宅で，屋根に被害を受けるということがありました。住宅に被害が生じた際などに，仮設住宅の提供や住宅の再建，修繕，応急修理などを必要とする被災者もいます。こうした人は，災害に関する様々な被災者支援を利用するために，災害対策基本法に基づく，「罹災証明書」を申請しなければなりません。

　これは，災害による被害の程度を証明する書類で，市町村が発行しますが，原則として現地調査が行われることから，罹災証明書の発行には時間を要する場合があります。

　2019 年の台風 15 号のように，被害が大きく，広範囲に及ぶ場合などには，特に生活再建までの期間を要することになります。罹災証明書に関する手続きについては，自らも被災した地方公共団体が窓口となっていることからも，大災害に備えた制度設計を考えていく必要があるといえます。ただし，大規模な被害を受け，発行に時間がかかる場合などには，罹災証明書の

発行を省略して各種支援が受けられるように対応する地方公共
団体も存在します。

　災害対策基本法には，罹災証明書（りさい）について，次のような規定
があります。

> （罹災証明書の交付）
> 第九十条の二　市町村長は，当該市町村の地域に係る災害が発生し
> た場合において，当該災害の被災者から申請があつたときは，遅滞
> なく，住家の被害その他当該市町村長が定める種類の被害の状況を
> 調査し，当該災害による被害の程度を証明する書面（次項において
> 「罹災証明書」という。）を交付しなければならない。
> 2　市町村長は，災害の発生に備え，罹災証明書の交付に必要な業務
> の実施体制の確保を図るため，前項の規定による調査について専門
> 的な知識及び経験を有する職員の育成，当該市町村と他の地方公共
> 団体又は民間の団体との連携の確保その他必要な措置を講ずるよう
> 努めなければならない。

　この罹災証明書には，住宅などの被害の程度が示され，その
被害の程度によって，受けることのできる支援の内容が異なり
ます。被害の程度などの災害による被害の状況については，災
害対策基本法53条で市町村が把握し，都道府県などに報告す
ることとされています。

　2019年の台風15号による被害で，屋根に損傷があった住宅
が多数に及びましたが，こうした屋根への損傷は，一般的に，
一部損壊として位置づけられます。

被害認定調査及び罹災証明書の交付の流れ

市町村長は、当該市町村の地域に係る災害が発生した場合において、当該災害の被災者から申請があったときは、遅滞なく、住家の被害その他当該市町村長が定める種類の被害の状況を調査し、罹災証明書（当該災害による被害の程度を証明する書面）を交付しなければならない（災害対策基本法第90条の2）。罹災証明書は、各種被災者支援策の適用の判断材料として幅広く活用されている。

<＜被災から支援措置の活用までの流れ＞

平成29年版防災白書より（http://www.bousai.go.jp/kaigirep/hakusho/h29/zuhyo/zuhyo_t02_03_01.html，2020年2月1日最終閲覧）

　住宅などへの被害については，全壊，大規模半壊，半壊についての基準が設けられており，半壊に満たない被害を一部損壊と位置づけています。

　半壊以上の被害に対する支援と一部損壊に対する支援には大きな差があります。住宅屋根の応急修理の対象となる損害の程度が，「半壊以上」とされてきたことから，特に，2019年の台風15号などのような，台風での屋根への被害といった一部損壊にあたるとされる被害についての支援が充実していませんでした。

　政府は，2019年の台風15号の状況を受けて，一部損壊についても，（災害救助法に基づく）応急修理の支援を受けることができるように改めました。ただし，次の表のように，一部損壊の中でも，半壊に近い程度の損害のあったものに限定されます。

　これまでは，台風などによる屋根の損傷（瓦が飛ばされることによって雨漏りするなど）については，その多くが一部損壊として位置づけられることから，応急修理の対象外とされてきましたが，2019年に支援のあり方についての改正が行われたことにより，今後の災害においては，一部損害（軽微な損害は除く）についても，支援の対象とされることになりました。

住家の被害の程度についての，
一部損壊についての支援拡充に関する損害割合

全壊（※）	大規模半壊	半壊	半壊に至らない（一部損壊）
50%以上	40%以上50%未満	20%以上40%未満	20%未満

一部損壊（準半壊）（仮称）	一部損壊（10%未満）（仮称）
損害割合 10%以上20%未満	損害割合 10%未満
応急修理の支援対象（制度の対象を拡充）	応急修理の対象外

（※）全壊の場合でも、応急修理を実施することにより
居住が可能である場合は支援の対象となる。

内閣府ウェブサイトより（http://www.bousai.go.jp/kohou/kouhoubousai/
　r01/97/news_04.html，2020年2月1日最終閲覧）

災害救助法による住宅の応急修理（一部損壊）に係る支援の内容

平成 25 年内閣府告示第 228 号に基づく災害救助法による被災した住宅の応急修理に係る内容を改正
（令和元年 10 月 23 日内閣府告示第 378 号）

（被災した住宅の応急修理）

第七条　法第四条第一項第六号の被災した住宅の応急修理は、次の各号に定めるところにより行うこととする。

一　災害のため住家が半壊、半焼若しくはこれらに準ずる程度の損傷を受け、自らの資力では応急修理をすることができない者又は大規模な補修を行わなければ居住することが困難である程度に住家が半壊した者に対して行うものであること。

二　居室、炊事場、便所等日常生活に必要最小限度の部分に対し、現物をもって行うものとし、その修理のために支出できる費用は、一世帯当たり以下に掲げる額以内とすること。

イ　ロに掲げる世帯以外の世帯　五十九万五千円

ロ　半壊又は半焼に準ずる程度の損傷により被害を受けた世帯　三十万円

三　[略]

支援の内容

災害救助法による住宅の応急修理（一部損壊）	
対象	損害割合 10% 以上 20% 未満の住家
対象工事	屋根、居室、炊事場及び便所など日常生活に必要欠くことのできず、緊急に修理が必要な個所の工事
契約方法	市町村が修理業者と契約 （残工事があれば、所有者等が修理業者と契約）
限度額	30 万円

内閣府ウェブサイトより（http://www.bousai.go.jp/kohou/kouhoubousai/
r01/97/news_04.html，2020 年 2 月 1 日最終閲覧）

　　一部損壊以外の被害認定基準については，従来どおり，次の被害割合が用いられています。なお，「損壊基準（床面積）」，「損害基準（経済的被害）」の 2 通りの判定基準があります。

災害に係る住家の被害認定と被害割合

	全壊	半壊	
		大規模半壊	その他
① 損壊基準判定 　住家の損壊，焼失，流出した部分の床面積の延べ床面積に占める損壊割合	70％以上	50％以上 70％未満	20％以上 50％未満
② 損害基準判定 　住家の主要な構成要素の経済的被害の住家全体に占める損害割合	50％以上	40％以上 50％未満	20％以上 40％未満

内閣府「災害に係る住家の被害認定基準運用指針（平成 30 年 3 月）」より作成

　2019 年の台風 15 号のように，屋根瓦が飛ばされるような状態は，一部損壊とされることが一般的ですが，半壊と評価される被害とはどのようなものなのかという例がありますので，次の写真を見てください。

風害によって 20％以上の損壊（半壊）となる可能性のある事例

屋根：棟瓦以外の瓦のずれが著しい

建具：ガラスが破損している

外壁：飛来物による突き刺さり，貫通痕がある

内閣府（防災担当）「災害に係る住家の被害認定基準運用指針　参考資料（損傷程度の例示）（平成 30 年 3 月）」3-4 頁。

　半壊と評価されるためには，このように屋根瓦以外への被害があることや屋根瓦の被害によって，雨漏り等が著しく生活が困難な状況などが含まれます。

　風害の一つである竜巻による被害（2006年の宮崎県延岡市）では，被害戸数の72％が一部損壊との被害認定を受けたとされており[17]，風害では，半壊以上の被害認定を受けることの少なさがわかります。

　こうした被害認定は，各種支援を受けるために，地震や水害など他の災害に際しても，その災害に応じた調査・基準に基づいて行われることとなります。

　なお，半壊については，次のような定義があります[18]。

住家がその居住のための基本的機能の一部を喪失したもの，すなわち，住家の損壊が甚だしいが，補修すれば元通りに再使用できる程度のもので，具体的には，住家の主要な構成要素の経済的被害を住家全体に占める損害割合で表し，その住家の損害割合が20％以上50％未満のものとする

2　建物などの耐風基準

　建築基準法では，居住者や施設利用者などの安全のために，地震に対する耐震基準などの定めがありますが[19]，風に関して

---

(17)　奥田ほか「住家の強風被害に適用できる被害認定基準」風工学シンポジウム論文集（2008年）。

(18)　平成13年6月28日付府政防第518号通知「災害の被害認定基準について」別紙。

(19)　耐震基準については，村中洋介『ど〜する防災【地震・津波編】』21頁以下も参照してください。

も，耐風基準が設けられています。

　台風の時には，電柱などが風によって折れる被害が発生することもあります。2019 年の台風 15 号ではこうした被害が多数発生したため，長期間停電する地域が発生しました。この電柱や鉄塔などについても，耐風基準が設けられています。

　風は，わが国の中でも地域によってその強さが異なります。このため，地域ごとに「基準風速」が定められています。

　建築基準法施行令 87 条では，「風圧力は，速度圧に風力係数を乗じて計算しなければならない。」と規定し，「その地方における過去の台風の記録に基づく風害の程度その他の風の性状に応じて 30 メートル毎秒から 46 メートル毎秒までの範囲内において国土交通大臣が定める風速」として，基準風速を設けることとしています。

　基準風速については，平成 12 年の建設省告示で示されましたが，次の表にあるように，沖縄県や鹿児島県，東京都の島しょ部など，台風の影響などを受ける地域では，基準風速が大きく設定されていることがわかると思います。

基準風速の一覧 （市町村名省略）

	地　方　名	風速（メートル／秒）
(1)	(2)から(9)までに掲げる地方以外の地方	30
(2)	北海道（札幌市など）や静岡県（静岡市，浜松市など）の一部と，岩手県，秋田県，山形県，茨城県，埼玉県，東京都，神奈川県，新潟県，福井県，山梨県，岐阜県，愛知県，滋賀県，大阪府，兵庫県，奈良県，鳥取県，島根県，岡山県，広島県，福岡県，熊本県，大分県，宮崎県の一部および京都府	32
(3)	北海道，岩手県，秋田県，茨城県，埼玉県，千葉県，東京都，神奈川県，岐阜県，静岡県，愛知県，滋賀県，大阪府，兵庫県，奈良県，島根県，広島県，徳島県，高知県，福岡県，長崎県，熊本県，宮崎県の一部および青森県，三重県，和歌山県，山口県，香川県，愛媛県，佐賀県	34
(4)	北海道，茨城県，千葉県，神奈川県，静岡県，徳島県，高知県，長崎県，宮崎県，鹿児島県の一部	36
(5)	千葉県（銚子市など）や東京都（大島町，三宅村など）の一部と徳島県，高知県，鹿児島県の一部	38
(6)	高知県（室戸市など）や鹿児島県（枕崎市，指宿市など）の一部	40
(7)	東京都（八丈島町，小笠原村，青ヶ島村）や鹿児島県（中種子島町など）の一部	42
(8)	鹿児島県（屋久町など）の一部	44
(9)	鹿児島県（名瀬市，十島村など）の一部および沖縄県	46

　　この基準風速を一つの基準として，風に対する建物の耐性を確保するようにしていますが，基準風速は，建物それ自体のみならず，ガラスなどの建具についても用いられ，風に対する安全性の確保がなされています。

　ただし，基準風速は，高さ 10m における 10 分間の「平均風速」を意味します。

　なお，平均風速と瞬間風速は異なります。台風などの気象予報のときに，「最大瞬間風速」ということばを聞いたことがある人も多いと思います。

　瞬間風速は，ある瞬間の風速を意味するもので，「平均風速」の 1.5 倍から 3 倍程度の強さに達することがあるとされます[20]。

　では，前に触れた，電柱などについては，どのような基準が用いられているのでしょうか。

　電気事業法 39 条では，「事業用電気工作物を設置する者は，事業用電気工作物を主務省令で定める技術基準に適合するように維持しなければならない。」と規定し，電柱などの電気設備に関する技術基準を定め，これに適合する設備の設置を事業者に義務づけています。

　この基準については，「電気設備に関する技術基準を定める省令」によって定められており，電柱や鉄塔などの耐風基準としては，基本的には，（平均）風速 40 メートル／秒以上の風圧にも耐えられる構造が求められることとなっています。

　しかし，この基準では，2019 年の台風 15 号などのように，風速 40 メートル／秒を超えるような風をもたらす台風によって，被害を生じることとなり，近年の自然災害の頻発化・激甚

---

(20)　気象庁ウェブサイト（https://www.jma.go.jp/jma/kishou/know/faq/faq2.html，2020 年 2 月 1 日最終閲覧）。

化を考慮すると，基準の強化が必要ではないかといった議論や台風頻発地域の基準を引き上げるべきではないかといった議論が行われています[21]。

　こうしたことから近時，電線等の地中化の議論も含めて，「風害」に対する新たな規制が行われようとしています。

3　原子力発電所と風害

　わが国の原子力発電所では，その施設の安全性のために，原子炉等規制法に基づく，「実用発電用原子炉及びその附属施設の位置，構造及び設備の基準に関する規則」（原子力規制委員会規則）に基づいて，竜巻による施設への影響を評価し，施設の安全性を確保するようにしています。

　具体的には，その規則に基づき規定されている「原子力発電所の竜巻影響評価ガイド」に基づいて，考慮すべき最大規模の竜巻の想定やそれを前提とした安全性の確保が求められています。

　原子力発電所にかかる竜巻の影響評価は，活断層や火山の影響などのように，原子力発電所そのものの立地が不適当であるとするものではありません。竜巻等の風害によっても，原子力発電所の施設や原子炉の運転に支障がないような対策が講じられることとされています。

　このため，竜巻によって飛来する「物体」が，原子力発電所

---

(21)　経済産業省　産業構造審議会　保安・消費生活用製品安全分科会　電力安全小委員会「令和元年度台風 15 号における鉄塔及び電柱の損壊事故調査検討ワーキンググループ」における議論。

の重要施設に衝突し，安全性に影響が及ばないような防護対策を採る必要もあり，「防護ネット」の開発などが行われています[22]。

4　気象業務法

　気象業務法という法律があります。この法律は，気象業務に関する基本的制度を定め，災害の予防などに寄与するという目的の下に定められています。

　この法律の13条では，「気象庁は，政令の定めるところにより，気象，地象，津波，高潮，波浪及び洪水についての一般の利用に適合する予報及び警報をしなければならない。」と定め，気象庁に気象警報や津波警報などの発表をする義務があることを示しています。

　風害に関連する竜巻注意情報や雷注意報もこの法律に基づいて発表されている情報の一つです。

　また，13条の2では，「気象庁は，予想される現象が特に異常であるため重大な災害の起こるおそれが著しく大きい場合として降雨量その他に関し気象庁が定める基準に該当する場合には，政令の定めるところにより，その旨を示して，気象，地象，津波，高潮及び波浪についての一般の利用に適合する警報をしなければならない。」として，いわゆる特別警報についての定めが設けられ，2013年から運用が始まっています。

　気象に関する特別警報には，「暴風雨，暴風雪，大雨，大雪

(22)　「原子力発電所を竜巻災害から守るために——竜巻影響評価ツールと飛来物防護技術の開発——」電中研ニュース480号（2015年）。

等に関する特別警報」があり（2020年1月現在），竜巻に関する特別警報など，風害を直接の対象とするものはありませんが，今後わが国の気象において竜巻の発生が頻繁かつ規模の大きな竜巻の発生が確認された場合には，アメリカにおける「竜巻緊急事態」のような位置づけとして特別警報が位置づけられることがあるかもしれません。

　また，気象庁が提供する情報には，次のように多くのものが含まれます。

気象庁が提供する情報

気象警報や気象情報など

台風や低気圧、前線などによる風水害や土砂災害などの災害を防止・軽減するため、気象の状況に応じて、以下のような防災気象情報を発表し、警戒や注意を呼びかけています。

特別警報・警報・注意報

発生するおそれのある現象の種類や程度に応じて、特別警報・警報・注意報を発表します。

種類		
警報	大雨、洪水、暴風、暴風雪、大雪、高潮、波浪	重大な災害が起こるおそれのある場合に発表
特別警報	大雨、暴風、暴風雪、大雪、高潮、波浪	重大な災害が起こるおそれが著しく大きい場合に発表

気象情報

警報・注意報に先立って、また、警報や注意報が発表された後も、現象の経過、予想、防災上の留意点などを解説するために発表されることがあります。

竜巻の可能性

記録的短時間大雨情報

大雨により土砂災害や浸水害、洪水害などの発生のおそれが高まっている状況の中、その地域にとってまれにしか発生しないような猛烈な雨を観測・解析したときに発表します。

土砂災害警戒情報

大雨警報（土砂災害）が発表されている状況で、命に危険が及ぶ土砂災害がいつ発生してもおかしくない状況になったときに、市町村ごとに都道府県と気象台が共同で発表します。

指定河川洪水予報

あらかじめ指定した河川について、国土交通省や都道府県と気象庁が共同で発表します。

竜巻注意情報

今まさに雷雲の近くで竜巻などの激しい突風が発生しやすい気象状況になっているときに、1時間先までの発生の可能性を示した竜巻発生確度ナウキャストの情報を補足する情報として発表します。

解析雨量・降水短時間予報

ナウキャスト（雷・竜巻・雨氷）

台風に関する情報

天気予報

明日の夕方までの天気、風、波浪の状態の予報です。

週間天気予報

向こう1週間の毎日の天気、最高気温、最低気温、降水確率、信頼度、短期における最高気温・最低気温の平年値を発表しています。

▲週間天気予報の例

異常天候早期警戒情報

季節予報

気候・大気環境・海洋に関する情報

世界各地で発生する異常気象の発生状況を分析し、その結果を発表しています。

地球温暖化に関する情報

▲大気中の二酸化炭素濃度の観測

総合パンフレット「気象庁」より

気象庁が提供する情報

地震・津波・火山に関する情報

津波警報・注意報・津波情報

緊急地震速報

地震情報

南海トラフ地震に関連する情報

噴火警報と噴火警戒レベル

火山の状況に関する解説情報

噴火速報

降灰予報

トピック 長周期地震動と長周期地震動階級

総合パンフレット「気象庁」より

5　風害による被害の救済に関する法

○ 災害救助法

　「災害に際して，国が地方公共団体，日本赤十字社その他の団体及び国民の協力の下に，応急的に，必要な救助を行い，被災者の保護と社会の秩序の保全を図ることを目的」として，災害救助法という法律が制定されています。

　この法律は，被災者に対する支援の基本ともいえる法律ですが，この法律の適用については，次のような基準が設けられているため，すべての災害に災害救助法による支援が適用されるわけではありません。

災害救助法の適用基準

1. 住家等への被害が生じた場合

(1)当該市町村区域内の人口に応じ次の世帯数以上であること(令第1条第1項**第1号**)

市町村区域内の人口	住家滅失世帯数	市町村区域内の人口	住家滅失世帯数
5,000人未満	30	50,000人以上　100,000人未満	80
5,000人以上　15,000人未満	40	100,000人以上　300,000人未満	100
15,000人以上　30,000人未満	50	300,000人以上	150
30,000人以上　50,000人未満	60		

※1　半壊又は半焼した世帯は，2世帯をもって滅失した一の世帯とする。(以下の住家被害対応表で同じ。)
※2　床上浸水した世帯は，3世帯をもって滅失した一の世帯とする。(以下の住家被害対応表で同じ。)

　「災害救助法について」(http://www.bousai.go.jp/taisaku/kyuujo/pdf/h30kaigi/siryo2-1.pdf，2020年2月1日最終閲覧)8頁一部抜粋。

　災害救助法では，応急修理についての規定がありますが，ここでの対象となる基準は，これまで，住宅の被害が「半壊以上」と認定された場合とされ，屋根の損傷については，その多くが「一部損壊」と認定されることから，応急修理の対象とされていませんでした。

　ただし，前にも触れたように，2019年の台風15号での住宅の屋根の損傷等の被害が多数出たことを受け，「一部損壊」についても，その損害が軽微なもの（損害割合が10％未満ものも）を除き，応急修理の対象とされることとなりました。

　また，災害救助法では，避難所の設置や仮設住宅，飲食物，医療などの提供も行われることとされています[23]。

　竜巻による被害では，住宅や頑丈な建物も壊滅的な被害を受ける可能性があります。そうした場合には，避難所での避難生活や仮設住宅の提供を受けることもありますし，住宅の応急修理や後述する住宅の再建支援を受けることもあるでしょう。

　災害救助法には，適用基準があるため，この法律に基づいて支援が受けられない災害もあります（同一市町村内での被害世帯数が少ない場合）。そのような場合には，各地方公共団体が独自の支援を行っている例がありますので，居住地の地方公共団体が災害被災時にどのような支援を行ってくれるかを事前に確認しておくと良いでしょう。

---

(23)　「災害救助法の概要（令和元年度）」（http://www.bousai.go.jp/taisaku/kyuujo/pdf/siryo1-1.pdf，2020年2月1日最終閲覧）3頁。

災害救助法に基づく救助の実施概要

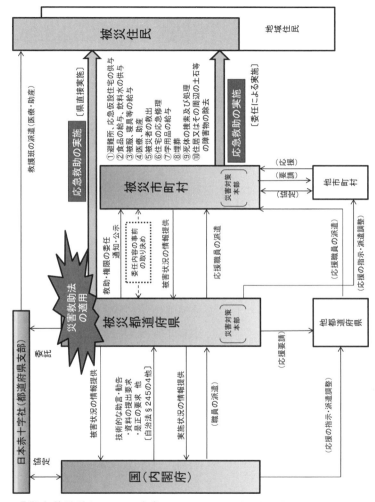

「災害救助法について」（http://www.bousai.go.jp/taisaku/kyuujo/pdf/
h30kaigi/siryo2-1.pdf，2020 年 2 月 1 日最終閲覧）5 頁より抜粋

○ 被災者生活再建支援法

　被災者生活再建支援法は，「自然災害によりその生活基盤に著しい被害を受けた者に対し，都道府県が相互扶助の観点から拠出した基金を活用して被災者生活再建支援金を支給するための措置を定めることにより，その生活の再建を支援し，もって住民の生活の安定と被災地の速やかな復興に資することを目的」として，定められています。

　この法律による支援は，10世帯以上の住宅が全壊被害を受けた市町村など，災害救助法に該当する被害が発生した市町村などに適用されることになります。

　住宅等の被害の程度によって支援の額は異なりますが，住宅が全壊し，新たに建設する場合には，最大で300万円の支援を受けることができます。詳細については，次のページの表を確認してください。

　しかし，この金額によって住宅再建が可能でないことは，明らかですので，あくまでも再建の「支援」をするという性質のものです。私たちは，火災保険や地震保険に加入し，これによって再建資金を得ることが基本になるでしょう。

　このほか，災害弔慰金の支給等に関する法律による，（住宅再建にかかる）災害援護資金の貸付けや，災害弔慰金の支給などの制度があります[24]。

---

(24)　詳しくは，厚生労働省ウェブサイト（https://www.mhlw.go.jp/shinsai_jouhou/saigaishien.html，2020年2月1日最終閲覧）などを参照してください。

被災者生活再建支援法に基づく支援金の支給額（単位：万円）

① 住宅の被害程度に応じて支給する支援金（基礎支援金）
② 住宅の再建方法に応じて支給する支援金（加算支援金）

区　　分		基礎支援金 住宅の被害程度 ①	加算支援金 住宅の再建方法 ②		計 ①＋②
複数世帯（世帯の構成員が複数）	全壊世帯 解体世帯 長期避難世帯	100	建設・購入	200	300
			補修	100	200
			賃借	50	150
	大規模半壊世帯	50	建設・購入	200	250
			補修	100	150
			賃借	50	100
単数世帯（世帯の構成員が単数）	全壊世帯 解体世帯 長期避難世帯	75	建設・購入	150	225
			補修	75	150
			賃借	37.5	112.5
	大規模半壊世帯	37.5	建設・購入	150	187.51
			補修	75	112.5
			賃借	37.5	75

公益財団法人都道府県センターウェブサイトより（https://www.tkai.jp/reconstruction/tabid/82/Default.aspx，2020年2月1日最終閲覧）作成

被災者生活再建支援制度の概要

1. 制度の趣旨

　　自然災害によりその生活基盤に著しい被害を受けた者に対し、都道府県が相互扶助の観点から拠出した基金を活用して被災者生活再建支援金を支給することにより、その生活の再建を支援し、もって住民の生活の安定と被災地の速やかな復興に資することを目的とする。

支援法適用	適用とならない災害

国から補助 1／2 （東日本大震災分は4／5）	←	都道府県の相互扶助において対応 （全都道府県の拠出による基金から支援金を支給）	地方公共団体において対応を検討

2. 制度の対象となる自然災害

　10世帯以上の住宅全壊被害が発生した市町村等

3. 制度の対象となる被災世帯

上記の自然災害により
① 住宅が「全壊」した世帯
② 住宅が半壊、又は住宅の敷地に被害が生じ、その住宅をやむを得ず解体した世帯
③ 災害による危険な状態が継続し、住宅に居住不能な状態が長期間継続している世帯
④ 住宅が半壊し、大規模な補修を行わなければ居住することが困難な世帯（大規模半壊世帯）

4. 支援金の支給額

（※世帯人数が1人の場合は、各該当欄の金額の3／4の額）

	基礎支援金 （住宅の被害程度）	加算支援金 （住宅の再建方法）		計
①全壊 ②解体 ③長期避難	100万円	建設・購入	200万円	300万円
		補　修	100万円	200万円
		賃　借（公営住宅を除く）	50万円	150万円
④大規模半壊	50万円	建設・購入	200万円	250万円
		補　修	100万円	150万円
		賃　借（公営住宅を除く）	50万円	100万円

5. 支援金の支給申請

（申請窓口）	市町村
（申請時の添付書面）	基礎支援金：罹災証明書、住民票　　等 加算支援金：契約書（住宅の購入、賃借等）　等
（申請期間）	基礎支援金：災害発生日から13月以内 加算支援金：災害発生日から37月以内

「被災者生活再建支援法の概要」（http://www.bousai.go.jp/taisaku/seikatsusaiken/pdf/140612gaiyou.pdf, 2020年2月1日最終閲覧）

　被災者生活再建支援法に基づく支援のみで，住宅の再建など
を行うことはできないでしょうし，災害救助法に基づく応急修
理などの支援も，十分なものとはいえないかもしれません。

　そのような場合には，個人の保険などで生活再建を行うこと
になるでしょう。火災保険の中で，風害（風災）の補償も含む
保険に加入している人も多いと思います。補償範囲として風害
も含まれているものは，台風をはじめ，竜巻や暴風，突風など
が補償対象とされており，台風などは水害も関係することから，
「水害（水災）」の補償とともに加入していることが多いといえ
ます。

　内閣府によれば，持家世帯の水災補償ありの火災保険加入率
は，66％とされており，風害への備えについても同程度と考え
られます[25]。

　2019年の台風15号を受けて行われた，国の支援制度の拡充
といった「公助」も必要かもしれませんが，各自が備える保険
という「共助」による備えも必要な対策といえます。

　災害援護資金の貸付けでは，全壊住宅の再建などで最大350
万円とされていますが，アメリカなど1000万円以上の貸付け
といった支援策のある国もあります。災害が多発する中で，金
銭の給付だけではなく，生活再建をどのように支援していくか
を考えていかなければならないでしょう。

---

(25)　内閣府「参考資料　保険・共済による災害への備えの促進に関す
　　る検討会報告（平成29年3月）」（http://www.bousai.go.jp/kaigirep/
　　hisaisha_kyosai/pdf/sankou_1.pdf，2020年2月1日最終閲覧）15頁。

Ⅲ 風害に関する事例

1 風によって屋根瓦が飛ばされたら責任を取る 必要がある？

　台風などによって，屋根瓦が飛ばされた場合に，例えば隣家
の窓ガラスを割ることや，近くに停めてある車を傷つけること
もあります。

　こうした時の責任の所在は，どうなっているのでしょうか。

　台風などの自然災害によって，屋根瓦が飛ばされるなどした
場合には，その屋根瓦の所有者に損害賠償ができないと思って
いる人が多いのではないでしょうか。

　「不可抗力」ということばがあります。不可抗力とは，一般
には，人の力では抗えない外部からの巨大な力のことを指し，
自然災害などがその例とされます。

　そして法律用語としては，「外部から発生した事故で，取引
上あるいは社会通念上普通に要求される一切の注意や予防方法
を講じてもなお防止し得ないもの。その事故が予期し得たか否
か，また，自然力に出たか人為に出たかを問わない。」[26]など
とされています。

　つまり，思いがけない（自然現象などの）外的な出来事によっ
て相手に損害を与えた場合であって，対策も十分に講じている
ような場合は，「不可抗力」として，不法行為責任などを免れ

---

(26)　法令用語研究会『法律用語辞典〔第4版〕』（有斐閣，2012年）
　　980頁。

るとされます。

　ただし，自然災害などの場合に，他者に損害を与えた行為が
すべて不可抗力によって免れるという訳ではありません。

　風によって飛ばされたものによる損害発生の事例を基に考え
てみましょう。

○ 飛ばされた屋根瓦による損害

東京地方裁判所判決平成 24 年 3 月 15 日[27]

　東京板橋区で，2010 年 3 月 21 日の明け方（午前 4 時 30 分
頃）に，2 階建ての建物（以下「本件建物」といいます。）の屋根
材であるスレート瓦が風によって剥がれて飛散し，この飛散し
たスレート瓦によって，Ｘの住宅の窓ガラスが割れ，室内にい
たＸは，顔面からの流血などの怪我を負いました。

　このことについて，Ｘ（原告）は，本件建物の占有者Ｙ（被
告）に対して，土地の工作物責任に基づいて損害賠償請求を行
いました。

　裁判所は次のような認定に基づいて，Ｘの怪我の発生は，本
件建物のスレート瓦の飛散によるものであることを認定しまし
た。

　「同日は，東日本を中心に強い風に見舞われ，東京都江戸川
区で秒速 35.2 メートル，八王子市で秒速 33.8 メートル，千代
田区で秒速 29.2 メートルの最大瞬間風速を観測した。本件建
物から 6 キロメートルほど離れている気象庁練馬観測所におけ

---

(27)　LEX/DB 文献番号 25493063。

る同日午前4時台の最大瞬間風速は，秒速17.9メートルであった」。「平成22〔2010〕年3月21日午前9時ないし10時ころの時点で，原告〔X〕の居宅の上記西側居室の窓ガラスは少なくとも3枚割れており，室内にスレート片やガラス片が落ちている状況にあったものであり，緊急に修繕を受注した業者が，室内及びベランダのガラス片やスレート片を片付ける対応をした。また，同日午後の時点で，上記駐車場には，本件建物のスレート瓦が大小の破片となって広く飛散し，その間にベニヤ板の破片が存し，そのほかに小さなものとしてコンクリート片，日本瓦の破片，小石等があったが，異種の屋根材等の大きな破片は見当たらない状況であった」。「本件建物の近隣に位置する建物で，平成22〔2010〕年3月21日に屋根材が風で剥がれて飛ばされたものは他になかったが，本件建物の北側建物については，本件建物のスレート片が当たって日本瓦が割れて小片が飛んだことがあった」。

　こうした状況を考慮し，Xの怪我の発生が，瓦の飛散によってもたらされたとしています。

　その上で，本件建物の占有者であるYに建物の設置，保存などの瑕疵[28]があったかが争点となりました。先ほど触れた「不

―――――――――

(28)　本来あるべき機能・品質・性能・状態が備わっていないこと。
　　　ここでは，土地工作物責任としての「設置又は保存の瑕疵」が問われていますが，その意味は，「工作物が，その種類に応じて，通常予想される危険に対し，通常備えているべき安全性を欠いていること」とされます（潮見佳男『基本講義　債権各論Ⅱ　不法行為法〔第3版〕』（新世社，2017年）159頁）。

61

可抗力」との関係で，「思いがけない（自然現象などの）外的な出来事によって相手に損害を与えた場合であって，対策も十分に講じているような場合」には，不可抗力が認められることがあり，そのような場合には，賠償の責任を免れる可能性があります。このため，本件建物の設置，保存について，不可抗力が認められるかどうかという点が争われました。

　この点について，裁判所は次のように認定しました。

　「本件事故当時，本件建物の付近では，本件建物以外に屋根材等が飛ばされた建物はなかったのであって，このことに照らせば……，本件事故当時，建物の屋根の構造上通常想定すべき強さを超える強風が本件建物の付近で吹いたと認めるに足りない」。さらに，Yは窓ガラスの強度不足によって窓ガラスが割れたとの主張もしましたが，この主張も認められませんでした。

　結果的に，この事例では，強風によって（スレート）瓦が飛ばされ，これによって窓ガラスが割れ怪我をするということについて，瓦の設置，保存の瑕疵が認められました。つまりは，自然災害とされる強風などによってもたらされた被害ではあっても，建物の管理をする立場にある人が「通常備えるべき安全性」を備えないままに，建物などの管理を放置している状況といった場合には，自然災害を理由に賠償の責任を免れることは難しいといえます。

○ 飛散したガラスによる損害

東京地方裁判所判決平成 25 年 5 月 24 日[29]

　東京都三鷹市で 2012 年 4 月 3 日に，Y（被告）所有のガラス張りの温室（以下「本件温室」といいます。）のガラスが破損し，そのガラスの破片が隣地に駐車していた A の車に飛散し，車を毀損しました。

　このことについて，車の保険会社が A に保険金の支払いをするとともに，Y に対して，土地工作物責任に基づく損害賠償請求を行いました。

　裁判所は，「平成 24〔2012〕年 4 月 3 日，強風を伴う低気圧が発生し，瞬間風速は東京都八王子市で 38.9m，都心でも 30m に迫った。日本気象協会は，「台風でいうと超大型」に相当するとした」として，相当程度の強風であったことを認定しました。

　その上で，「本件温室は全面ガラス張りであるところ，そのガラスが破損し飛散すれば，隣地に……降り注ぎ，本件車両に被害が及ぶ位置関係にある。そうすると，本件温室のガラスは，それが破損して飛散することにより隣地住民に損害を与えることのないよう，ガラスを相当の強度を有するものにするとか，ガラスが破損したとしても，ガラス破片が隣地に飛散することのないような防護策を採るなどの安全対策を講じた安全なものであることを要する。……我が国では台風を始めとする強風は大型を含めしばしば発生しており，本件事故時の強風が従来か

---

(29)　LEX/DB 文献番号 25512746。

ら観測されている強風と質的に異なるものであることはうかがえない。これらの事実関係の下では，本件温室のガラスは，温室として通常有すべき安全性を備えておらず，本件温室の設置保存の瑕疵があったというべきである。」

「被告は，本件事故は観測史上最大の値の強風によるもので，想定外のものであるから，不可抗力であり，本件事故と本件温室の設置保存の瑕疵との間に因果関係はないと主張する。しかし，我が国では台風を始めとする強風は大型を含めしばしば発生しており，本件事故時の強風が従来から観測されている強風と質的に異なるものであることはうかがえない。実際に，本件事故当日の低気圧のための強風によっても周囲の建物のガラスが破損した形跡もない。そうすると，本件事故当日の強風が超大型台風並みであったことをもって，本件事故が想定外であるとか不可抗力であるなどとはいえ」ないとして，Ｙの温室の設置，保存の瑕疵が認められました。

これらの事例は，ともに土地工作物責任に関する事例ですが，庭やベランダの植木鉢や外に出したままの傘などが強風で飛ばされた場合には責任を負わないかというとそうではありません。

竜巻などのような予測が困難な突風などであれば，「不可抗力」とされる可能性がありますが，台風などのように事前に予測されている場合には，植木鉢などによる他者への損害についても，民法上の不法行為責任に基づいて損害賠償を負う可能性があります。

2　大型テントが風で飛ばされたら

　2008 年 7 月 25 日から 27 日までの間，敦賀サマーフェスティバル実行委員会は，敦賀市を共催者として，福井県敦賀市の金ヶ崎緑地公園内で「つるが・港の祭典　きらめきフェスティバル 2008」（以下「本件フェスティバル」といいます。）を開催しました。

　会場内には，飲食店を設けるための大型テント（縦約 10m，奥行き約 10m，軒高約 2.9m（頂部約 5.9m）のテント）が設営され，テント内には，本件フェスティバル開催期間中，アジアンマーケットと称する飲食店が出店し，来場者用のいすやテーブルも置かれていました。

　本件フェスティバル開催期間中の 2008 年 7 月 27 日午後 0 時 50 分ころ，強風により大型テントが飛ばされ，大型テント付近にいた人も飛ばされて，右上腕離断の傷害を負い，脱血ショックによって死亡しました。

　この事例で死亡した人の遺族は，実行委員会に対して，テントの設置，保存に瑕疵があるとして，土地工作物責任に基づき，また，会場設備を適切に管理し，災害時の対策を整えるなどして来場者の安全に配慮すべき義務を負っていたにも関わらずこれを怠ったとして，債務不履行責任（安全配慮義務違反）などに基づき損害賠償請求を行いました。

　さらに，敦賀市に対して，実行委員会と共同で本件フェスティバルを開催していたことから，敦賀市が大型テントを占有していたことについての瑕疵（設置，管理の瑕疵），来場者の安全配慮義務違反について国家賠償請求を行いました。

　事故前後の気象に関する注意報などとして，7月27日には，午前9時10分に雷注意報が，同日午前11時10分には大雨，雷，洪水の注意報が，同日午後1時10分には大雨，雷，強風，洪水の注意報が発令・追加されました。

　また，大型テントが飛ばされたとされる7月27日午後0時50分の後ではありますが，同日午後1時7分には，福井県に竜巻注意情報が発令されました。ここでは，「福井県では，竜巻発生のおそれがあります。竜巻は積乱雲に伴って発生します。雷や風が急変するなど積乱雲が近づく兆しがある場合には，頑丈な建物内に移動するなど，安全確保に努めてください。」との注意喚起が行われました。

　事故が発生した当時の風の状況としては，7月27日午後0時20分から同40分頃までは，平均風速で1.6〜2.9メートル／秒，最大瞬間風速で3.9〜5.5メートル／秒程度であったものが，午後0時50分には，平均風速10.9メートル／秒，最大瞬間風速29.7メートル／秒，午後1時には，平均風速13.4メートル／秒，最大瞬間風速23.1メートル／秒の強風が吹いたとされています。

　この事例については，2008年7月28日付の福井地方気象台などによる「現地災害調査速報　平成20年7月27日に福井県敦賀市で発生した突風について」において，大型テントが飛ばされたことから突風が影響したものとみられ，突風をもたらした現象は，ガストフロントと推定されることが示されました。

　名古屋地方裁判所[30]は，本件フェスティバルの大型テント
が土地工作物に当たるとした上で，テントの設置，保存，管理
の瑕疵について，次のような判断をしました。

　「土地工作物や営造物の設置又は保存，管理の瑕疵とは，工
作物ないし営造物が，その客観的性状又は機能的観点から，通
常予想される危険に対して備えているべき安全性を欠いている
ことをいい，瑕疵の有無は，当該物の構造，用途，場所的環境
及び利用状況等諸般の事情を総合考慮して個別具体的に判断す
べきである」。「原告らは，本件テントが風速約 15 メートル／
秒の風で飛散するが，これくらいの風速の風が吹くことは通常
あり得るから，テントは風速 20 メートル／秒の風でも飛ばな
いようにすべきであり，本件テントが通常有すべき安全性を欠
いているとして，その設置又は保存に瑕疵があると主張……す
る。しかしながら，テントの設置について，風速 20 メートル
／秒で飛散しないことを定める法令上の規定は認められない。
建築基準法は，建築物について，その構造等の最低の基準を定
めているところ，テントの設営の場合，テントには大きさや構
造など様々なものがあるうえに，通常一時的な使用を想定し，
強風等の危険が予想される場合には，テントの安全を図るとい
うよりも，通常テントを設置しないことから，一律に構造等の
基準を定めがたいものと考えられ，そのため，上記のとおり，
テントの構造等について，法令上の基準や規定がないものとい
える。……したがって，風速 20 メートル／秒で飛散しないよ

(30)　名古屋地方裁判所判決平成 27 年 2 月 19 日判例時報 2269 号 75
　頁。

うにテントを設営しなければ設置に瑕疵があるなどとはいえない」。

　また，今回のテントの設営については，従来と同様の通常行われている方法によって設営されていることから，「通常行われている方法で設営し，その不備もなかったことから，この点からも，本件テントが通常有すべき安全性を欠いていたと認めることはできない」として，テントの設置，保存，管理に瑕疵があるとは認めませんでした。

　次に，本件フェスティバルの来場者の避難誘導など，安全配慮義務に関する点については，次のような判断をしました。

　「福井地方気象台は，本件事故当日，気象概況に照らし，竜巻などの激しい突風に注意するように発表していたものの，その日時や地点の発生予測が困難であって，いつ，どの地点で発生するかまでを予測して注意を呼びかけるものではないし，一般的にそのように受け止められているものでもない。そうすると，気象庁が気象情報や注意報を発表しているとしても，そのことから直ちに，竜巻などの突風に備えて，安全対策を講じるべき法律上の義務を負うものとはいえないというべきである。したがって，被告委員会がこれらの気象情報等に基づいて，例えば本件テントの固定を補強したり，これを撤去しなかったからといって，または来場者に本件テントを利用しないように指示をしなかったからといって，来場者への安全確保を怠ったということはできない」。

　「竜巻注意情報は，竜巻などの激しい突風が発生しやすい気

象状況になった段階で発表され，竜巻注意情報後に積乱雲が接近する兆しがある場合には，頑丈な建物内に移動するなど安全確保に努めるべきとされているものの，本件事故当日午後0時30分頃から午後0時40分頃にかけて，風が強くなるなど風の急変がうかがわれず，ガストフロントと推定される突風が発生した後に竜巻注意情報が発表されている。このような状況下においては，本件フェスティバル会場に黒雲が近づいてくるのがわかったとしても，来場者が雨を予測したにすぎなかったとおり，それだけで大型テントを飛ばすくらいの突風が発生するなどと予測することは困難であったというべきである。したがって，この時点で，直ちに避難誘導措置をとらなければならなかったなどとはいえない」として，安全配慮義務違反を認定しませんでした。

避難誘導などに際しては，「危険が差し迫っている」ということを認識できたか，つまり自然災害などの脅威が迫っていることを予見（予測）できたかどうかが問題となります。

自然災害に関する訴訟では，この「予見可能性」が焦点になることが多くあります。

この事例では，主催者が，来場者の安全のために避難誘導をする義務があるとしても，この場合に本件フェスティバルの会場に突風による被害が出ることを予見できたかということになるでしょう。

台風などのように，進路予測がある程度可能なものとは異なり，竜巻などの突風は，その発生予測が困難であるといわれます。そうすると，突風の襲来を予測して，事前に来場者の避難

誘導をする，またはテントの補強をすることが主催者に求められるとまではいえないのかもしれません。

　通常の強風（前線などに伴う強風）によって，テントが飛ばされたという場合には，その設置，保存，管理の瑕疵が認められる場合もあるかもしれませんが，今回のような「予期せぬ突風」のような場合には，いわゆる「不可抗力」とされることもあるでしょう。

　しかし，設置，保存，管理の瑕疵などの際に問題となる，「通常有すべき安全性」は，時代とともに変化しますし，法律上の要請も変わるものです。風による災害が多発することによって，建物や工作物の耐風基準の強化や風に対する対策のあり方が強化されることによって，求められる「安全性」は変わっていくことになります。

　私たちが，被害者にならない対策（自宅の耐風対策などによる自己防衛）も重要ですが，風によって他者に被害を与えない対策を行っていなければ，その責任を負う可能性があることを認識しておきましょう。

3　高層ビルによる風害？

　住宅街に高層マンションが建設されたことに伴い，風環境が変化し損害（風害）が発生したとして，損害賠償請求が行われた事例があります。

　大阪府堺市の百舌鳥八幡駅付近にある住宅街に，3棟（最も高い棟で20階建て：高さ56.85メートル）からなる高層マンションが建設され，このマンションから20メートルの距離にある

住宅に住む人（原告）が，このマンションの建設に伴い，原告
の住宅付近の風環境が変化し，その程度が受忍限度を超えるも
のであるとして損害賠償請求を行いました。

　原告は，マンション建設前は風による被害もなく平穏に暮ら
していたところ，マンション建設後，強風が吹くようになり，
特に風の強い日には原告の住宅前の道路を歩行して通行するこ
とが困難になることや洗濯物や物干竿，スリッパが飛ばされる
こと，屋根瓦の飛散や植木の枝が折れる等の被害が発生するよ
うになったと主張しました。

　風が強くなったかどうかについては，マンションの建築主ら
が設置した風速計によって，マンション建設前（1996 年 2 月）
に月最大平均風速が 5.3 メートル／秒，月最大瞬間風速が
10.5 メートル／秒であったものが，マンション建設後（1998
年 2 月）には，月最大平均風速が 13.6 メートル／秒，月最大
瞬間風速が 24.6 メートル／秒となっており，風環境の変化が
認められました。

　この事例について，大阪地方裁判所[31]は，次のように判断
しました。
「人が生命・健康を維持して快適な生活を営む利益は，法的
に保護されるべき人格権として認められるところ，良好な風環
境等は，快適で健康な生活に必要な生活利益であって，法的な
保護の対象になるというべきである。そして，……本件マン
ション建築後の風環境は，人が日常的に居住し生活する上で非

（31）　大阪地方裁判所判決平成 13 年 11 月 30 日判例時報 1802 号 95 頁。

常に厳しい風環境であると評価できる。一方，仮に本件マンション建築によって風環境が悪化したとしても，<u>被告らは，……堺市及び近隣住民とも協議の上，行政法規を遵守して本件マンションを建築したのであって，自己の権利を行使したにすぎず，本件マンション建築によって，原告ら宅付近の風環境を悪化させたとしても，それだけで直ちに不法行為が成立するとはいえない。</u>しかしながら，すべて権利の行使は，その態様ないし結果において，社会観念上妥当と認められる範囲内でのみこれをなすことを要するのであって，<u>権利者の行為が社会的妥当性を欠き，これによって生じた損害が，社会生活上一般的に被害者において受忍するを相当とする限度を超えたと認められる時は，その権利の行使は，社会観念上妥当な範囲を逸脱したものというべく，いわゆる権利の濫用にわたるものであって，違法性を帯び，不法行為責任を生ぜしめる</u>」（下線部筆者）とした上で，「〔1〕……原告らが感じた風による被害を考慮すると，人が生活する上で障害のある風環境に変化したと推測されること，〔2〕現実に，本件マンションが20階まで建ち上がった平成8年12月ころ以降，原告ら宅においては，風による物理的な被害が発生していること，〔3〕本件マンション及び原告ら宅付近は，良好な住宅地であり，ほとんどが3階建以下の建物であり，被告らもそのことを十分に認識していたこと，〔4〕被告らは，本件マンション計画を変更するなどして，風環境の悪化を防止することが不可能とはいえなかったのに対し，原告らには，風環境の悪化を防止する手段がなかったと推測されること，〔5〕原告らは，昭和61〔1986〕年ころから，原告ら宅

に居住し続けてきたところ，平成 9〔1997〕年 3 月ころ，本件マンションが完成し，風環境が悪化したため，平成 12〔2000〕年 6 月，やむなく転居するに至ったこと，〔6〕原告らは，本件マンション建築前から風環境の悪化を危惧しており，被告らと何度も交渉し，被告らは，風環境が悪化することはない，風害が発生した場合，被告らが補修・補償すると度々説明していたことが認められる」。これらの「事実を総合考慮すれば，被告らの本件マンション建築は，社会観念上妥当な権利行使としての範囲を逸脱し，権利の濫用として違法性を帯びるに至ったものと解するのが相当」として，風環境の変化を伴うようなマンション建設の違法性を認めました。

　また，過失や因果関係（強風による被害とマンションの存在の関係性）についても認め，マンションの建築主らに損害賠償の支払いを命じました[32]。

　高層ビルの付近では，強風が吹くことを体感したことのある人は多いかもしれません。風の強い日には，歩行することが困難になるほどの強風が吹く場所もあります。そうした建物が，自宅の近くに建つと風環境がこれまでとは異なるということもあるでしょう。

　この事例からは，そのような場合に，建物の建築主らの損害賠償が認められる可能性があるということがいえますが，ここでは，建築主らの説明に誤りがあったことや強風対策が不十分

---

(32)　控訴審でも，損害賠償請求が認められました。大阪高等裁判所判決平成 15 年 10 月 28 日判例時報 1856 号 108 頁。

であったことなどの「過失」が認められていることから損害賠償が認められました。そして，原告が，「風の影響で不動産価値が無くなった」との主張は認めていません。あくまでも，木造住宅としての価値に風が影響を与えているとしか認定されていないため，たとえ「風の影響によって引っ越しを余儀なくされた」としても，土地を含めたすべての不動産価値が損害として認められるというわけではありません。

　高層ビルの建設などに当たっては，周辺住民と事業者との協議はもちろんですが，風害を防止するためには，行政が事前に対策を講じておくことも大切なことといえるでしょう。例えば，「高層建築物による風害防止に関する条例」などを制定して，住民と事業者の協議のあり方や風害を防ぐための高さの制限，風害が確認された場合の事後救済のあり方などを定めるなどすることも必要なのかもしれません。

　自然災害としての防ぐこと備えることが難しい風害ではなく，人為的に起こる風害であれば，私たち自身がそれによる損害を最小限にするための努力をするべきでしょう。

Ⅳ　風害防災の考え方

1　台風や強風と防災

　台風や強風による風害は，毎年のようにわが国に被害をもたらしています。

　台風の際には，広い範囲で強い風が吹き，電柱や樹木の倒壊などの被害が起こることもありますし，日常的な強風でも，建設現場の足場が倒壊するなどすることもあります。

　また，風は，人的・物的な被害だけではなく，人々の経済活動，日常生活に混乱を与える原因となることもあります。例えば，強風によって交通機関に乱れが生じること（航空機の欠航や鉄道の運休など）や，大学は大学所在地や周辺地域に「暴風警報」が発令されると休講となることもあります。

　それでは，強風などに対して私たちはどのような対策を行うべきなのでしょうか。

　一般的に台風や強風については，気象庁が事前に気象に関する情報を発信することとされます。

　台風の接近や低気圧の発達，前線の状況など天気図から一定程度の風の強さの予測がされ，私たちもそうした情報をテレビやラジオから入手することができます。

　このため，情報収集（いつ頃，どの程度の風が予測されるのか）をした上で，状況に応じた対策を行うべきといえます。台風や低気圧などは，風とともに「雨」の心配も必要になり，私たちは，これまでの災害の経験から，風よりも「雨」の被害に

気をとられることがあるかもしれません。しかし，風の被害についても意識して対策を行う必要があることを認識する必要があるでしょう。

　台風の進路にあたる地域では，風に対する対策も行う必要があります。次のような進路図も時間を経るごとに影響範囲が狭まりますが，早めの対策を心がけておくと良いでしょう。

台風の進路図（例）

気象庁ウェブサイト（https://www.jma.go.jp/jma/kishou/know/typhoon/
7-1.html，2020 年 2 月 1 日最終閲覧）

　自宅などの対策としては，家の外の雨戸などを閉めることや
必要に応じて壁の補強をする，外においてある植木鉢など飛ば
されやすいものを固定したり家の中に取り込むことが必要にな
ります。

　また，家の中では，窓ガラスの飛散防止フィルムを貼ること
や，カーテン閉める，ブラインドをおろすといったことも各自
でできる対策として求められます。

　3（他の災害の防災との違い）でも触れますが，強風時には，
屋外の避難所などへの避難行動をとることが危険な場合もあり
ます。このため，避難する際に必要となる非常持ち出し品など
のほか，自宅での待避（屋外への避難ではなく屋内に待機し安全
を図る）に備えて，飲料水や食品等の備蓄を備えること，強風
での電柱などの倒壊時には長期間の停電が予想されるため，そ
れに備えた電池などの準備も必要になるといえます。

　屋外への避難行動は，風が強くなる前に完了しておく必要が
あり，風が強くなってからは屋外に出ないことが望ましいとい
えます。このため，早めの避難を心がける必要があり，風とと
もに雨の心配もあることから，特に河川の近く，崖の近くに自
宅がある場合には，「雨が強くなってから」の避難ではなく，
「風雨が弱いうち」の避難を心がけなければならないでしょう。

　風に備える対策としては，次の図なども参照して，早めの対
策を心がけましょう。

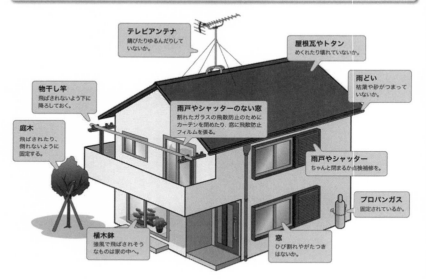

〈風が強まる前の家の対策〉

テレビアンテナ
錆びたりゆるんだりして
いないか。

屋根瓦やトタン
めくれたり壊れていないか。

雨どい
枯葉や砂がつまって
いないか。

物干し竿
飛ばされないよう下に
降ろしておく。

雨戸やシャッターのない窓
割れたガラスの飛散防止のために
カーテンを閉めたり、窓に飛散防止
フィルムを貼る。

庭木
飛ばされたり、
倒れないように
固定する。

雨戸やシャッター
ちゃんと閉まるか点検補修を。

プロパンガス
固定されているか。

植木鉢
強風で飛ばされそう
なものは家の中へ。

窓
ひび割れやがたつき
はないか。

政府広報オンラインより（https://www.gov-online.go.jp/useful/article/
201304/2.html，2020 年 2 月 1 日最終閲覧）

　また，政府広報オンラインによると強風時には，特に注意が
必要な外出先として，山や海が危険であるとしています[33]。
　具体的には，次のような行動については，注意が必要である
とされていますので，天気予報などを確認して行動することが
必要といえます。
　Ⅲの事例で，テントが風で飛ばされるという事例を紹介しま
した。気象の状況を事前に予測することに完璧はありませんが，

---

(33)　政府広報オンライン（https://www.gov-online.go.jp/useful/
　　article/201304/2.html，2020 年 2 月 1 日最終閲覧）。

天候に注意が必要であると判断される場合には，屋外でのレジャーを中止することも，安全のためには必要といえます。

【注意が必要な外出先　政府広報オンラインより】

登山・ハイキング
　春の山にはまだまだ残雪も多く，「春の嵐」の接近によって暖かい空気が流れ込んだ結果，雪崩が発生する危険があります。また，嵐の通過中は猛吹雪や強風で歩くのが困難になるほか，通過直後も急激な気温の低下で低体温症による疲労凍死に至るおそれもあるので注意が必要です。

釣りやマリンレジャー
　強風や高波によって転覆のおそれがある船はもちろんのこと，防波堤，海岸にいるのも非常に危険です。春の海は天気が急変しやすいので，たとえ穏やかな天気であっても最新の気象情報に注意しましょう。

川遊び，キャンプ
　強風でテントやタープなどが飛ばされるほか，特に河原では大雨によって急な増水や鉄砲水が発生するため警戒が必要です。春の嵐は暴風だけでなく，高波や大雨，雷などを伴う場合があります。これらの気象についても，暴風に関する気象情報とともに伝えられますので，注意してください。

2　竜巻などの突風と防災

　台風や強風ではなく，竜巻などの突風に対しては，どのように対応すればよいのでしょうか。

　わが国では，竜巻などの突風が発生することはありますが，住宅の倒壊や電柱などの倒壊はあるものの，頑丈な建物が倒壊するほどの強い勢力のものに遭遇したことありません。また，

竜巻などの突風による被害は，頻繁に起こっているわけでもありません。そうすると，私も含めて，意識としては，「竜巻などに遭遇することはない」という思いの人も多いと思います。

　台風や強風のように事前に進路などが予測されていれば事前の対策を行うこともできますが，竜巻などの突風は事前予測が困難であるとされているため，竜巻などが発生し，目視した場合などに避難行動を取ることが重要になるといえます。

　屋外にいる場合には，頑丈な建物などに避難し，屋内でも窓ガラスには近づかず，一階などのなるべく低い階の丈夫な机の下などにとどまることや，トイレや押し入れなどの家の中心にある小さな空間にとどまることなどの安全のための行動を取ることが求められます。

　都道府県単位で竜巻注意情報が出されることもありますが，この情報が出されているからといって，竜巻などが発生するまたは発生したということではありません。竜巻注意情報が出されていない地域で竜巻などが発生することもありますし，竜巻注意情報が出されても突風被害の発生しないこともあります。

　しかし，竜巻などに関する情報は少ないため，竜巻注意情報も重要な情報の一つです。地方公共団体からも竜巻注意情報に関するメールなどが配信されることもありますので，こうした情報を手にした時には，少なくとも屋外での活動を取りやめて，頑丈な建物の中に避難するようにするべきでしょう。

　竜巻の発生する兆しや竜巻接近時の特徴としては次のようなものが挙げられています。次のような天候や周囲の状況を憶え

ておき，いざという時には避難行動を行うことが必要になります。また，次のページに示したリーフレットなどを参考にするのも良いでしょう。

竜巻が発生する兆し
・低く黒い雲（積乱雲）が接近する
・雷鳴や雷光が見える
・急に冷たい風が吹く
・大粒の雨や「ひょう」が降る

竜巻が接近したときの特徴
・黒い雲の底が漏斗状に垂れ下がる
・物やごみ等が巻き上げられ飛んでくる
・「ゴーッ」という音がする
・（気圧の変化により）耳に異常を感じる

内閣府ウェブサイトより（http://www.bousai.go.jp/kohou/kouhoubousai/h26/75/special_01.html，2020年2月1日最終閲覧）

リーフレット「竜巻から身を守る～竜巻注意情報～」より

竜巻の接近

竜巻が発生・接近している様子が見えたら、直ちに退避行動を！

黒い雲の底がろうと状に垂れ下がる

つくば市吉澤健司氏提供

物やごみ等が巻上げられ飛んでいる

撮影提供:飯田 武夫氏

飯田武夫氏提供

建物の影に隠れていたり、夜間の場合には、竜巻を目視できない場合があります。
以下も竜巻が迫っているサインです。直ちに退避行動を！

土煙が近づいてくる　　**"ゴーッ"という音がする**　　**（気圧変化により）耳に異常を感じる**

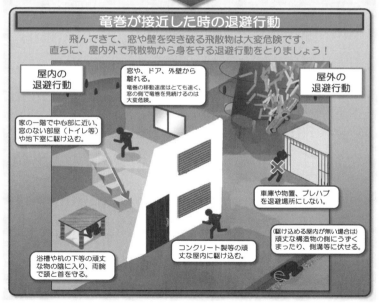

竜巻が接近した時の退避行動

飛んできて、窓や壁を突き破る飛散物は大変危険です。
直ちに、屋内外で飛散物から身を守る退避行動をとりましょう！

屋内の退避行動

屋外の退避行動

窓や、ドア、外壁から離れる。
竜巻の移動速度はとても速く、窓の側で竜巻を見続けるのは大変危険。

家の一階で中心部に近い、窓のない部屋（トイレ等）や地下室に駆け込む。

車庫や物置、プレハブを退避場所にしない。

（駆け込める屋内が無い場合は）頑丈な構造物の側にうずくまったり、側溝等に伏せる。

浴槽や机の下等の頑丈な物の陰に入り、両腕で頭と首を守る。

コンクリート製等の頑丈な屋内に駆け込む。

リーフレット「竜巻から身を守ろう！〜自ら身を守るために〜」より

　わが国の一般の住宅で，竜巻用シェルターや地下室のある住宅は多くないと思います。

　竜巻の多く発生するアメリカでは，そうした設備を自宅に設けている人も多くいます。FEMA（連邦危機管理庁）では，竜巻用シェルターについて，強度や設備などのガイドラインを策定しており，ここでの強度は，竜巻によって飛散する木片などが貫通しないような強度や竜巻の強さを表す藤田スケールでF4程度，日本版改良藤田スケールでJEF5程度以上の竜巻にも耐えられるようなものとすることが求められています。

　そうした竜巻用シェルターがアメリカの竜巻多発地域では住宅に設けられている例も多く，設置にあたっては州などによる補助もあります。

　わが国では，現時点で竜巻防災・減災に限定して補助をする制度はありませんが，今後，風害による被害を少しでも少なくしていくための対策として，国などによる補助を通じて，住宅や公共施設の耐風化などを行う必要があるといえるかもしれません。

3　他の災害の防災との違い

　風害と他の災害の防災のあり方で，異なる点があります。一つは，私たち自身の避難行動のあり方です。

　避難行動について，私たちは，より安全な場所へ避難をすることを意識し，水害や地震津波などに備えて，または災害後に避難所や避難場所，屋外へ避難することがあります。水害の場合には，大雨による洪水や土砂災害の発生前に避難所などへ避

難することがありますし，地震津波の場合には，地震後自宅近くの避難場所や庭，道路など屋外への避難，津波の危険のある地域では高台などへの避難をすることがあります。

　しかし，風害の場合には，風が強い中では屋外で行動することに危険が伴うため，屋外の避難所，避難場所などへの避難ではなく，自宅や職場などの屋内待避が避難行動として求められますし，屋外にいる人は，安全な屋内に速やかに避難することが求められます。このように，屋内で安全のための行動を取ることが大前置であるという点で，ほかの災害の防災との違いがあるといえるでしょう。

　わが国のように，木造建築住宅が多く，竜巻用シェルターや地下室がない場合には，屋内待避を行うことに不安を抱く人もいると思います。そういう人は，事前に自主的に避難が可能な避難所などへ移動しておくことも大切でしょう。また，台風などの場合には，「雨」を伴うこともあるため，水害に対する備えとともに風害に対する備えを実践する必要があるといえます。

　もう一つは，風害に対応する行政の知識・経験不足があります。特に台風の場合など，「雨」を伴う場合に，大雨や洪水などの対策・対応を優先することがあるかもしれません。大雨や洪水については，各地方公共団体でハザードマップ等が作成され，それに基づく被害予測を前提として，避難所の開設などを行うこと，土嚢など準備をすることもできます。
　一方で，風害については，ハザードマップが作成されているわけでもないために，どの場所でどのような被害が起こる可能

性があるか，どのような対策を行うべきかという知識・経験などの蓄積がなされていないことがほとんどであると思います。

　このため，風害については，事後的な対応が中心になっているのが現状といえるかもしれません[34]。

　行政に万全の対策を講じることを求める必要はありませんが，近年の風害の発生状況などから，事前・事後の対策・対応について備えておいて欲しいというのが市民としての意見ではないでしょうか。台風に見舞われた経験のある地域や竜巻に見舞われたことのある地域ではそれらに対応したマニュアルが整備されている事例もありますが，過去の災害時の担当職員の退職や異動によって，引継ぎができていないこともあるとされています。

　災害という「非日常」業務であるがゆえに，十分な引継ぎなどができずに，風害に関わらずほかの災害でもそうした行政の準備不足が指摘されることもあるかもしれません。

　今後，台風による影響の大きい地域や竜巻の発生頻度の高い地域などは，風害ハザードマップや風害時の避難施設の準備を行うことも必要な防災対策といえるでしょう。

---

(34)　高橋ほか「竜巻等突風災害に対する行政の対応状況」風工学シンポジウム論文集（2010 年）からも，そうした状況がうかがえます。

Ⅴ おわりに

　風害と聞くと，台風や低気圧などによる強風を意識する人は多くいるかもしれませんが，「竜巻」などの突風を意識する人は，あまり多くないのではないでしょうか。

　竜巻を見たことのある人であれば，意識を持つことがあるかもしれませんが，一般の人はもちろん，行政に携わる人，立法に携わる人でも，竜巻を現実に見たことがあるという人は多くないと思います。実際に体験・経験したことのない災害の対策を考えることは難しいことで，何をどうすれば良いかということに想像が働かないということもあるでしょう。

　気候変動に伴い，次のような指摘もあります。

台風の将来予測

　北大西洋では熱帯海域の海水温の上昇にともなって，1970 年ごろから強い熱帯低気圧（ハリケーン）の活動が増えています。一方，台風（最大風速が秒速 17.2 メートル以上の北西太平洋の熱帯低気圧を台風と呼びます）の発生個数，日本への接近数，上陸数には，長期的な増加や減少の傾向は見られません。

　気候変動に関する政府間パネル（IPCC）の第 5 次評価報告書によると，地球温暖化の進行に伴い，台風など熱帯低気圧の強さが増す可能性が指摘されています。

気象庁ウェブサイトより（https://www.data.jma.go.jp/cpdinfo/chishiki_ondanka/p13.html，2020 年 2 月 1 日最終閲覧）

　今後，わが国に接近する台風の勢力が強くなるとされる場合には[35]，これに伴う風害による被害も大きくなるといえます。

　また，気候変動に伴って，竜巻などの突風の発生頻度やその強さに変化が生じるかもしれません[36]。そうした場合への備えは，わが国の政府や地方公共団体，そして私たち自身にもできていないと思います。気候変動を過剰に心配しなくても良いのかもしれませんが，風害は他の災害と異なる避難行動などを要しますので，風害による被害が増えていくような場合には，風害に対する意識を持つことが必要になるでしょう。

　風害を含めて補償がなされる火災保険の加入は，前にも触れたように持家世帯で66％となっています。他の災害に対する補償（地震保険など）と同様に，保険は災害によって被害を受

---

(35)　例えば，次のような指摘もあります。「名古屋大学の坪木和久教授は台風と地球温暖化との関係について，『地球温暖化とともに海水の温度が上昇し，多くの水蒸気がもたらされることで台風がより強くなり，勢力を維持したまま日本に来るようになってきた。その例がことしの15号や19号だと考えられる』としたうえで，『来年以降もこれまでにないような台風や大雨など激甚な災害が起こるという前提で防災対策を考えていく必要がある』と指摘しています。」NHK NEWS WEB（https://www3.nhk.or.jp/news/html/20191228/k10012231361000.html，2020年2月1日最終閲覧）。

(36)　2013年の日本経済新聞の記事では，「地球温暖化が進行した2075〜99年の日本では，激しい竜巻の発生しやすい気象条件が現在から倍増するとの予測を，気象庁気象研究所（茨城県つくば市）がスーパーコンピューターを用いた実験でまとめた。」とも記されています（日本経済新聞2013年5月4日付，https://www.nikkei.com/article/DGXNASDG0401I_U3A500C1CR8000/，2020年2月1日最終閲覧）。

けた場合の生活再建（災害からの復旧・復興）のための重要な備えの一つです。一度，皆さんが住んでいる住宅の火災保険の補償内容について確認してみると良いでしょう。

　また，2019 年の台風 15 号の被害を受けて，災害による損害の程度が「一部損壊」とされるものについても，災害救助法に基づく応急修理の対象とされました。こうした公的な支援，救済のあり方についても，今後の災害の発生頻度や被害の態様に基づいて考え直していかなければなりません。

　地方公共団体が独自の支援制度を設けることも必要かもしれませんが，国として災害被災に対する支援の方向性を示さなければ，地方公共団体もどこまでの支援を行うべきか考えることが難しいかもしれません。私たちも行政とともに，災害への対策，防災のあり方について議論し考えていかなければ，気候変動によって被害が現実のものとなってからでは不十分な備えしかできないということになります。そうした防災に対する意識を持って生活をするよう心がけてください。

　風害を含む災害には予測が困難なものが多く，私たち人間の力では被害を防ぐことはできないものがほとんどです。それでも，災害に備え，生命を守ることを第一に考えなければなりません。行政による公助や近隣住民，家族による共助も重要ですが，自分の身は自分で守るという「自助」を第一に行動してください。

　そして，法と風害の関係からすると，風によって自宅の屋根瓦や植木鉢などが飛ばされて，他人に被害を与えないという備え，対策を行うように心がけてもらいたいと思います。

〈著者紹介〉

村中 洋介（むらなか ようすけ）

　1987 年生まれ。2014 年，博士（法学）。同年首都大学東京法科大学院助教。電力中央研究所主任研究員を経て，2019 年より静岡文化芸術大学専任講師。

　本書のシリーズに，『ど〜する防災【地震・津波編】──災害と法』（単著，信山社，2020 年），『ど〜する防災【水害編】──災害と法』（単著，信山社，2019 年）。

　近年の著作として，『条例制定の公法論』（単著，信山社，2019 年），『たばこは悪者か？──ど〜する？受動喫煙対策』（単著，信山社，2019 年），『新・基本行政法』（共著，有信堂，2016 年），『判例で学ぶ日本国憲法〔第 2 版〕』（共著，有信堂，2016 年）など。災害・防災について，「大川小学校津波訴訟控訴審判決」自治研究 95 巻 7 号（2019 年），「災害時の学校・避難場所としての責務：野蒜小学校津波訴訟」自治体学 32 巻 1 号（2018 年），「災害と国家賠償──津波警報の適法性と地方公共団体による避難誘導（行政の責務）」行政法研究 16 号（2017 年），「災害対策基本法に基づく地方公共団体の『避難行動要支援者名簿』の作成と個人情報保護」都市問題 107 巻 4 号（2016 年）など。

信山社ブックレット

〈災害と法〉

ど〜する防災【風害編】

2020（令和 2 ）年 3 月30日　第 1 版第 1 刷発行

　　　　ⓒ著　者　村　中　洋　介
　　　　発行者　今井　貴・稲葉文子
　　　　発行所　株式会社 信　山　社

〒113-0033　東京都文京区本郷 6-2-9-102
Tel 03-3818-1019　Fax 03-3818-0344
笠間才木支店　〒309-1611 茨城県笠間市笠間 515-3
Tel 0296-71-9081　Fax 0296-71-9082
笠間来栖支店　〒309-1625 茨城県笠間市来栖 2345-1
Tel 0296-71-0215　Fax 0296-72-5410
出版契約 No.2020-6088-01011

Printed in Japan, 2020 印刷・製本 ワイズ書籍Ⓜ／渋谷文泉閣
ISBN978-4-7972-6088-5 C3332 ¥1000E 分類 323.900
p.104　6088-01011：012-015-005

現代選書シリーズ

未来へ向けた、学際的な議論のために、
その土台となる共通知識を学ぶ

信山社

条例制定の公法論　村中洋介

信山社

◆ 信山社ブックレット ◆

たばこは悪者か？
―ど～する？ 受動喫煙対策　村中洋介

信山社

◆ 信山社ブックレット ◆

＜災害と法＞
ど〜する防災【水害編】 村中洋介

＜目次＞

◆Ⅰ 防災ってなに?

 1 防災のはじまり/2 災害ってなに?/3 水害ってなに?/4 最近の防災の考え方/5 災害と行政の関わり・行政による防災

◆Ⅱ 災害・防災と法

 1 災害・防災に関する基本の法律/2 災害時の支援や災害の復興に関する法律/3 条例によって定められている例

◆Ⅲ 水害に関する様々な事件

 1 水害に対してどのような対策をする?/2 避難勧告に従えば大丈夫?/3 学校にいれば安全?

◆Ⅳ 水害に備えるため・水害に遭ったとき

 1 どのように備える?/2 どのように避難する?/3 どのように生活再建する?

◆Ⅴ おわりに

信山社

◆ 信山社ブックレット ◆

＜災害と法＞
ど〜する防災【地震・津波編】

村中洋介